Christian Bischoff

TOUCH THE SKY

Greif nach den Sternen

Kurzgeschichten und Anstöße
zum Denken & Handeln

www.der-positive-unterschied.de

Über den Autor

Christian Bischoff war mit 16 Jahren jüngster Basketball-Bundesligaspieler aller Zeiten und mit 25 Jahren einer der jüngsten Bundesliga-Cheftrainer. Heute ist er einer der gefragtesten Redner im deutschsprachigen Raum, sowohl in der Wirtschaft als auch bei seinen Seminaren und in Schulen. Der Life-Coach lehrt Strategien für ein selbstbestimmtes und glückliches Leben.

www.christian-bischoff.com

Inhalt

Vorwort   9

1   Du kannst Dinge verändern   11

2   Die sechs wichtigsten Dinge im Leben   13

3   Deine zwei kostbarsten Schätze   17

4   Adler oder Muschel –
Welches Leben möchtest du führen?   21

5   Besuche deine Beerdigung   23

6   Gehe mit offenen Augen und erhobenem Kopf
durchs Leben   27

7   Die Lektion des Respekts   31

8   Welpen zu verkaufen   33

9	Sage einem Menschen (heute), wie sehr du ihn liebst	35
10	Folge deinem Herzen	41
11	Pflege deine echten Freundschaften	47
12	Ehre die Menschen, die dir dienen	51
13	Sei zuverlässig	55
14	Die Hindernisse in unserem täglichen Leben	59
15	Beharrlichkeit + Ausdauer = Erfolg	63
16	Lerne das Spiel «Was ist das Gute daran?»	67
17	«Was ist das Gute daran?» – Eine bewegende Geschichte	71
18	Motiviere andere	77
19	Der Weihnachtsmann	79
20	Das Leben ist wie ein Echo	83

21	Setz dir Ziele – und lass dich durch nichts von deinem Weg abbringen	87
22	Der Weg ist das Ziel	91
23	Überwinde deine bisherigen Grenzen	97
24	Wie wertvoll bist du für dein Team?	103
25	Dein Eimer voller Selbstvertrauen	107
26	Der Löwe und die Maus	109
27	Lerne, Misserfolge richtig einzuordnen	111
28	Der Baumriese	115
29	Das Gesetz vom Säen und Ernten	117
30	Richte dich nicht nach deinen Kritikern	121
31	Der richtige Umgang mit Kritik	123
32	Kämpfe nicht mit einem Schwein	127

33	Dein Gang durch die Wüste	129
34	Die zwei Schmerzen des Lebens	133
35	Du bist wichtig und bedeutend	137
36	Das Geheimnis der Zeiteinteilung	141
37	Sei ein Visionär	143
38	Wir schaffen die Dinge, an die wir glauben	147
39	(Fast) alles im Leben ist subjektiv	151
40	Gefühle sind wichtiger als Worte	155
41	Ehrlich währt am längsten	161
42	Deine Schale voller Licht	165
43	Sei du selbst	171
44	Genieße das Würstchen, nicht den Teller	175

45	Lerne von alten Menschen	177
46	Der Riss in deiner Persönlichkeit	181
47	Lerne, Fehler zuzugeben und richtig einzuordnen	185
48	Der Adler, der dachte, er wäre ein Huhn	189
49	Deine Sanduhr	197
50	Was am Ende wirklich zählt	203

Mach den positiven Unterschied — 207

Register — 212
Danke — 214
Quellenangaben — 215
Mehr von Christian Bischoff — 216
Impressum — 224

Vorwort

Schon als Jugendlicher war ich fasziniert von Erwachsenen, die die Kunst des Geschichten-Erzählens beherrschten. Sie übten eine magische Anziehungskraft auf mich aus, weckten meine Neugierde und nahmen mich mit auf die Reise in eine Welt, in der der Fantasie keine Grenzen gesetzt waren. Nicht selten hatten diese Personen Vorbildcharakter für mich – ich ließ mich bereitwillig von ihnen leiten und führen.

Wer die Kunst der Menschenführung beherrschen will, muss auf jeden Fall ein guter Erzähler sein. Geschichten können motivieren, inspirieren, faszinieren, nachdenklich stimmen, überzeugen, verängstigen, abschrecken, ein warnendes Beispiel sein, Einsicht wachsen lassen oder uns einfach nur ein bisschen klüger machen. Sie können eine ungemein starke Kraft und Überzeugung in uns entstehen lassen.

Sammle Geschichten! Deine Geschichte, die Geschichte von jemand anderem, Erfahrungsberichte. Zu jedem Lebensbereich und für jede Situation gibt es eine passende Geschichte. Jeder von uns kann dem anderen gut gemeinte Tipps oder Ratschläge geben. Aber nur die wenigsten können dies mit einer interessanten Geschichte tun, die einen ganz bestimmten Punkt vermittelt, dies aber auf nette und indirekte Art und Weise.

In den letzten fünfzehn Jahren, in denen Basketball mein Leben bereicherte, habe ich eine Menge Menschen kennen lernen dürfen. Diejenigen mit dem größten Einfluss auf mich hatten alle eins gemeinsam: Sie konnten bildlich erzählen und motivieren – oft mit Geschichten. Und sie haben mich motiviert, Geschichten übers Leben zu sammeln, die ich dir in diesem Buch vorstellen möchte.

Erlebnisse, die mir Freunde und Trainer erzählt haben und die ich dir hier mit ihrer Erlaubnis weitergebe. Fiktive Geschichten, die eine bestimmte Sache vermitteln sollen. Und natürlich Geschichten aus meinem eigenen Leben. Dieses Buch richtet sich an alle Kinder und Jugendlichen, die sich vom Leben faszinieren lassen wollen und neue Möglichkeiten entdecken möchten.

Tauche ein in eine Welt, die dich begeistern und motivieren wird! Vielleicht greifst auch du am Ende nach den Sternen.

Mach den positiven Unterschied!

Dein Christian Bischoff

Du kannst Dinge verändern

«In dir schlummert die geheimnisvolle Kraft,
dein Leben völlig verändern zu können.»
– Jim Donovan

Eines frühen Morgens spazierte ein Mann mit seinem Sohn in der kühlen Morgendämmerung durchs Dorf. Nach einer Weile erreichten sie die etwas außerhalb des Dorfes gelegene Fernstraße. Sie gingen an der dicht befahrenen Straße entlang und kamen zu einer Stelle, an der unzählige kleine Frösche versuchten, die Straße zu überqueren. Schnell erkannten Vater und Sohn den Grund für dieses wilde Treiben, denn schließlich befand sich neben der Straße ein großer See, in dem Tausende der Tiere ihren Laich abgelegt hatten. Nachdem aus den Kaulquappen nun Frösche geworden waren, verließen die Tiere den See und hüpften in die Freiheit. Doch für viele der kleinen Frösche wurde die Straße zur Todesfalle, denn im Sekundentakt rasten die Autos über die hilflosen Tierkörper.

Der Vater, der sich dieses Treiben einige Sekunden angesehen hatte, begann, die kleinen Frösche behutsam aufzuheben und einen nach dem anderen auf die andere Seite zu tragen.
Dort setzte er die Frösche auf der Wiese ab. Der Junge beobachtete das bedachte Vorgehen seines Vaters verwundert.

Schließlich fragte er seinen Vater: «Papa, was machst du da?»

«Die Frösche verstehen nicht, dass sie hier in ihren sicheren Tod hüpfen. Ihr natürlicher Instinkt bringt sie in Lebensgefahr. Wenn ich sie nicht über die Straße trage, werden sie von den Autos überfahren.»

Touch the Sky

«Aber Papa, wie willst du das denn machen? Hier springen Hunderte von Fröschen durch die Gegend. Du kannst sie nicht alle über die Straße tragen. Du kannst hier gar nichts bewirken.»

Der Mann reagierte nicht auf die Äußerung seines Sohnes. Völlig unbeeindruckt und ohne eine Miene zu verziehen hob er den nächsten Frosch auf und brachte ihn sicher auf die andere Straßenseite.
«Ich kann hier etwas bewirken, mein Junge. Gerade habe ich diesem Frosch das Leben gerettet. Er darf weiterleben und wird nicht überfahren, weil ich ihn sicher auf die andere Seite gebracht habe. Wenn ich auch nicht allen helfen kann – einige kann ich retten. So ist es im Leben, du kannst nie allen helfen. Aber immer dann, wenn du helfen kannst, solltest du es tun.»
Der Junge dachte einen Moment über die Worte seines Vaters nach. Dann begann auch er, die Frösche auf die andere Straßenseite zu tragen.

Jeder kann Dinge in seinem Leben und im Leben anderer zum Positiven verändern! Beginne heute damit!

✏ Stop & Reflect

Wann hast du das letzte Mal etwas getan, von dem deine Freunde meinten, dass es sinnlos wäre, weil du als Einzelner nichts ausrichten kannst? Was war es und was hast du ihnen daraufhin geantwortet?

Die sechs wichtigsten Dinge im Leben

«Der durchschnittliche Lehrer erzählt. Der gute Lehrer erklärt.
Der überdurchschnittliche Lehrer demonstriert.
Der außergewöhnliche Lehrer inspiriert.»
– William Arthur Ward

In der Schule hatten wir in der elften Klasse diesen positiv verrückten Erdkundelehrer. Seinen Namen weiß ich leider gar nicht mehr.

Er war anders als alle anderen Lehrer, auch vom Aussehen her. Er hatte immer alte und zerzauste Kleider an und sein Haar stand in alle Richtungen ab. Dennoch, oder vielleicht auch gerade deshalb, übte dieser Lehrer eine magische Anziehungskraft auf mich aus. Fast jede Stunde hatte er eine nette Geschichte aus seinem Leben oder eine kleine Weisheit für uns parat. Oft saß er die ganze Unterrichtsstunde an seinem Pult und erzählte uns aus seinem Erfahrungs- und Erlebnisschatz. Die meisten aus unserer Klasse konnten in dieser pubertären Zeit mit seinen lebhaften Berichten jedoch nicht mehr anfangen, als sie ins Lächerliche zu ziehen.

Eines Tages hatten wir eine Stunde, die ich bis heute nicht vergessen habe. Er kam in die Klasse und setzte sich gelangweilt an seinen Tisch, kramte minutenlang in seinen Unterlagen herum, ohne uns auch nur eines Blickes zu würdigen. Der Lärmpegel im Klassenraum stieg immer höher. Uns war klar, dass heute nicht viel gelernt und gearbeitet werden würde – die Stunde war innerlich schon vorbei.

Plötzlich jedoch durchbrach seine Stimme die Unruhe: «Meine Damen und Herren, bitte nehmt einen leeren Zettel und einen Stift zur Hand und beantwortet mir folgende Frage: Was sind für euch die sechs wichtigsten Dinge im Leben?»

Das Gelächter in der Klasse war groß, doch wurde uns schnell bewusst, dass diese Frage ernst gemeint war.

«Ihr könnt die Dinge aufschreiben, die euch im Moment am wichtigsten sind», erklärte er uns. «Ihr könnt aber auch Dinge aufschreiben, die ihr mal erreichen wollt. Lebensziele. Dinge, die ihr gerne einmal besitzen möchtet. Und Dinge, die euch für den Rest eures Lebens am wichtigsten sind.»

Ich hatte keine besondere Lust auf dieses Spielchen, gab mir deshalb nicht besonders viel Mühe und kritzelte ohne viel nachzudenken einfach ein paar Punkte auf mein Blatt. Aus den Augenwinkeln heraus sah ich, dass einige meiner Mitschüler diese Aufgabe ernster nahmen. Während wir unsere Gedanken niederschrieben, ging der Lehrer hinter den rechten Tafelflügel und schrieb etwas auf die Rückseite.

Nach ein paar Minuten konnte jeder freiwillig seine gesammelten Punkte vorlesen und der Lehrer notierte sie an der Tafel. Ich meldete mich natürlich nicht, um mich nicht vor der Klasse zu blamieren. Ungefähr die Hälfte meiner Mitschüler gab ihre Antworten preis und am Ende hatten die folgenden Punkte die meisten Stimmen:

1. Schuljahr bestehen
2. Abitur schaffen
3. einmal viel Geld haben, reich sein
4. berufliche Ziele erreichen
5. Familie haben

Der Lehrer setzte sich wieder an sein Pult, blickte auf die Vorschläge an der Tafel und sagte: «Das sind gute Punkte, meine Lieben. Und sicherlich erstrebenswert. In eurem Alter habe ich genauso gedacht. Geld war mir das Allerwichtigste. Aber lasst euch Folgendes sagen: Mein bester Freund hatte vor einem Jahr einen schweren Autounfall und sitzt seitdem gelähmt im Rollstuhl. Er kann nichts mehr alleine machen und ist 24 Stunden am Tag auf fremde Hilfe angewiesen. Vor seinem Unfall war er ein erfolgreicher Manager, der alles hatte, was er wollte – Geld im Überfluss, drei Autos, zwei Häuser, die Bewunderung der Frauen war ihm sicher. Seit dem Unfall hat sich sein Leben radikal verändert. Letzte Woche hat er mir eine Liste mit seinen sechs wichtigsten Dingen im Leben gezeigt und mich gebeten, sie an alle meine Schüler weiterzugeben. Ich habe sie für euch aufgeschrieben.»

Der Lehrer klappte den rechten Tafelflügel auf.
Dort stand geschrieben:

Die sechs wichtigsten Dinge in meinem Leben sind:

1. Mit beiden Händen und zehn gesunden Fingern greifen und fühlen können

2. Mit der Zunge Dinge schmecken können

3. Mit beiden Augen sehen können

4. Mit beiden Ohren hören können

5. Mit einem gesunden Kopf klar denken können

6. Auf zwei gesunden Beinen durchs Leben laufen können

Touch the Sky

In unserer sonst so undisziplinierten Klasse herrschte eine nachdenk-
liche Stille, wie ich sie nie mehr erlebt habe.

«Schreibt euch diese Punkte auf», empfahl uns unser Lehrer. «Dann
habt ihr etwas gelernt, das ihr für den Rest eures Lebens behalten
werdet. Das Allerwichtigste in eurem Leben ist das Geschenk, das
euch Mutter Natur bei eurer Geburt gegeben hat: eure eigene Gesundheit!»

Von diesem Tag an hatten wir alle einen ganz besonderen Respekt vor
unserem Lehrer.

🖉 Stop & Reflect

Wie hat sich deine Einstellung zum Leben nach dieser Geschichte verändert
und welche Auswirkungen hat dies auf deinen Alltag?

....

....

....

Deine zwei kostbarsten Schätze

*«Einige Menschen sind nicht erfolgreich, weil sie sich
nicht gut fühlen! Ihr Kopf hat geniale Ideen,
doch ihr Körper ist nicht fit genug sie umzusetzen!»*
– Jim Rohn

Die zwei kostbarsten Schätze in unserem Leben sind unsere Gesundheit und unsere Zeit.

Pflege deinen Körper und damit deine Gesundheit wie einen wertvollen, heiligen und wunderschönen Tempel, nicht wie eine verwahrloste Holzhütte.
Dein Körper ist der einzige Ort, den du zum Leben hast!
Du kannst in ein anderes Haus, in eine neue Stadt, in ein fremdes Land ziehen, aber du kannst niemals aus deinem Körper ausziehen!
Dein Körper ist die physische Unterstützung deines Geistes.
Nur er kann die Ideen, Wünsche, Ziele und Träume deines Kopfes in die Realität umsetzen.

Der zweite Schatz ist unsere Zeit. Wir können in Zukunft alle mehr Geld verdienen, aber wir bekommen nicht mehr Zeit.
Jeder Mensch sollte sich persönlich Zeit für die wesentlichen Dinge im Leben nehmen. Mein Freund und Mentor Dr. Ron Slaymaker hat mir einmal folgende Gedanken über Zeit mitgegeben:

«Nimm dir Zeit, hart zu arbeiten –
Es ist der Preis, den du für Erfolg zahlen musst.

Nimm dir Zeit nachzudenken –
Es ist die Quelle der inneren Stärke.

Nimm dir Zeit zu spielen –
Es ist das Geheimnis der ewigen Jugend.

Nimm dir Zeit zu lesen –
Es ist die Quelle der Weisheit.

Nimm dir Zeit, freundlich zu sein –
Es ist der Weg zum Glück.

Nimm dir Zeit zu lieben und geliebt zu werden –
Es ist die Nahrung für deine Seele.

Nimm dir Zeit zu teilen und zu geben –
Das Leben ist zu kurz, um egoistisch zu sein.

Nimm dir Zeit zu lachen –
Es ist die Musik für dein Herz.

Nimm dir Zeit zu träumen –
Es lässt dich nach Höherem streben.»

✎ Stop & Reflect

Ich werde von nun an mit meinen beiden kostbarsten Schätzen verantwortungsvoller umgehen, und zwar ganz konkret in folgenden Situationen:

....

....

....

....

....

....

....

Touch the Sky

Adler oder Muschel –
Welches Leben möchtest du führen?

«Im Hafen ist ein Schiff sicher,
aber dafür werden Schiffe nicht gebaut.»
– William Shed

Eines Tages erschuf Gott die Muschel. Er gab ihr ihren Lebensbereich und legte sie auf den Meeresgrund. Dort führte die Muschel ein sicheres Leben: Sie öffnete ihre Klappe, ließ Meerwasser hindurchlaufen und schloss die Klappe wieder. Dieses sichere Leben wurde jedoch auch recht schnell ziemlich langweilig und eintönig. Den ganzen Tag gab es für die Muschel nichts anderes zu tun als: Klappe auf, Klappe zu, Klappe auf, Klappe zu, Klappe auf, Klappe zu …

Am nächsten Tag erschuf Gott den Adler. Er schenkte ihm Flügel, die ihn überallhin trugen. Damit besaß der Adler auf der ganzen Welt grenzenlose Freiheit. Seine Flügel trugen ihn an jeden beliebigen Ort. Für diese grenzenlose Freiheit zahlte der Adler einen Preis: Jeden Tag musste er auf die Jagd gehen, um nicht zu verhungern. Doch diesen Preis zahlte der Adler gerne.

Schließlich erschuf Gott den Menschen und führte ihn zunächst zu der Muschel, dann zum Adler. Dann sagte er zum Menschen: «Nun entscheide du, welches Leben du führen möchtest.»

– Alte indische Schöpfungsgeschichte

✏️ **Stop & Reflect**

Ich möchte folgendes Leben führen:

....

....

....

....

....

....

Besuche deine Beerdigung

«Ich glaube nicht, dass Menschen älter werden.
Was passiert, ist, dass sie ziemlich früh im Leben aufhören
zu lernen und damit stagnieren.»
– T. S. Elliott

Dies soll weder eine bizarre Aufforderung sein noch Angst einflößen. Doch es hilft vielen Menschen, sich Gedanken über die Prioritäten im eigenen Leben zu machen. Ein Sprichwort sagt: «Was ein Mensch sich vorstellen kann und woran er glaubt, das kann er erreichen.»

Was möchtest du im Leben wirklich erreichen? Welche Ziele, welche Träume hast du?

Meine Oma war nach monatelangem Leiden friedlich gestorben. Die Beerdigung fand in einer kleinen Kirche auf einem überschaubaren Friedhof statt. Umgeben von zahlreichen Trauergästen und der gedrückten Stimmung rechnete ich mit den üblichen Beerdigungsritualen, einer Messe, in der der Pfarrer das Leben der Verstorbenen Revue passieren lässt, ehe sie in ihre letzte Ruhestätte hinabgelassen wird.

Doch beim Ertönen der Eröffnungsglocken erhob sich mein Onkel und erzählte in einer bewegenden und emotionalen Trauerrede von Kindheitserlebnissen mit seiner Mutter.
Er beschrieb, wie er sie damals als kleiner Junge durch seine Kinderaugen wahrgenommen hatte. Ihre Fürsorge, derer er sich immer sicher sein konnte. Ihre Liebe, die ihm jeden Tag entgegenströmte, egal wie gut oder schlecht er sich benahm. Ihre Engelsgeduld, mit der sie ihm auch seine schlimmsten kindlichen Fehltritte verzieh.

Touch the Sky

Ihre starke Hand, mit der sie ihm als kleinem Jungen den Weg durchs Leben wies. Ihr Lächeln, das ihm jeden Tag aufs Neue Kraft und Vertrauen gab.

Und ihre aufopferungsvolle Hingabe, mit der sie ihn und seine drei Brüder durch die harten Jahre des Zweiten Weltkrieges brachte.

Ich lauschte andächtig den Worten, als ich mir plötzlich vorstellte, ich wäre auf meiner eigenen Beerdigung. Ein Ereignis, das hoffentlich noch in ferner Zukunft liegt. Und trotzdem konnte ich alles schon deutlich vor meinem inneren Auge sehen – die Kirche, den Sarg, die vielen Blumen und Kränze, die zahlreichen Trauergäste. Ich sah jeden einzelnen Trauergast und ging im Kopf durch, bei welchem Lebensabschnitt er mich begleitet hat. Wo ich ihn kennen lernte, wie er mein Leben bereicherte und was ich von ihm gelernt habe.

Und dann schoss mir eine Frage durch den Kopf, die mich für den Rest des Tages beschäftigte: Welche Personen möchte ich gerne auf meiner Beerdigung reden hören? Und was sollen sie von meinem Leben erzählen?

Stell dir vor, du bist auf deiner Beerdigung. Was möchtest du in deinem Leben erreicht haben? Wie möchtest du eines Tages deiner Familie, deinen Freunden und deinen Verwandten in Erinnerung bleiben? Wer von deinen engsten Freunden und Bekannten soll auf der Beerdigung von deinem Leben erzählen? Was soll der Pfarrer berichten? Von welchen Heldentaten soll er erzählen? Wie lange dauert diese Rede? Ist sie kurz, weil es nicht viele interessante und bedeutungsvolle Ereignisse zu berichten gibt? Oder ist sie so lang, dass der Pfarrer sich die größten Highlights vorher sorgfältig aussuchen muss? Welche Inschrift steht auf deinem Grabstein? Wenn du dir deine eigene Beerdigung vorstellst, hast du die Chance, rückblickend auf dein Leben zu schauen und jetzt noch Veränderungen vorzunehmen. Deine Prioritäten zu ändern. Deine Ziele anzupassen. Neue Dinge auszuprobieren.

Viele Menschen wünschen sich im Alter, dass sie manche Dinge in ihrem Leben anders gemacht hätten. Sich mehr auf das Wesentliche konzentriert hätten. Mehr Zeit mit Menschen und Aktivitäten verbracht hätten, die sie wirklich mögen und lieben. Weniger Zeit damit verbracht hätten, über Dritte zu schimpfen, sich übermäßig Sorgen zu machen oder sich über Dinge zu ärgern, die in Wirklichkeit gar nicht so wichtig waren.

Du kannst jetzt verhindern, dass du später einmal einer dieser vielen alten Menschen sein wirst, die sich voller Bedauern von der Welt verabschieden: «Hätte ich nur das und das gemacht …»

Wenn du bestimmte Aspekte deines Lebens verändern möchtest, beginne noch heute damit. Der Mensch ist das einzige Lebewesen auf diesem Planeten, das von heute auf morgen sein Leben ändern kann, indem es seine Einstellung ändert. Nutze diese Chance, wenn Veränderungen notwendig sind. Und hab keine Angst davor!

✎ Stop & Reflect

Welche Ziele möchtest du in deinem Leben unbedingt verwirklichen?

....

....

....

Was benötigst du dafür und worauf kannst du verzichten?

....

....

....

Touch the Sky

Gehe mit offenen Augen
und erhobenem Kopf durchs Leben

«Keiner hat bis jetzt sein Augenlicht geschädigt, weil er auf die positive
Seite des Lebens geblickt hat.»
– Unbekannt

Dies ist die Lektion aus dem «Gleichnis des Schweins» von Jim Clemmer. Ich möchte dir hier eine kurze Zusammenfassung geben.

Einem Schwein gelang es, auf dem Bauernhof seines Herrn aus seinem Stall auszubrechen. Angesichts dieses unverhofften Glücks wanderte es freudig kreuz und quer über das riesige Grundstück seines wohlhabenden Besitzers. Zuerst suhlte es sich ausgiebig hinter dem großen Stall in einem riesigen Matschloch. Anschließend durchwühlte es genüsslich den gewaltigen Komposthaufen. Danach stieß es auf der Suche nach Essensabfällen alle Mülltonnen vor dem Haus um.

Da keine Menschenseele weit und breit zu sehen war, wanderte das Schwein seelenruhig durch den wunderschönen Garten und die prachtvollen Blumenbeete. Dabei durchwühlte es ununterbrochen mit seiner Nase die feuchte und dunkle Erde.

Als das Schwein nach einiger Zeit gelangweilt wieder zu seinem Stall zurückkehrte, wollten die neugierigen Hühner sofort von ihm wissen, was es erlebt hatte.

«Was hast du durch die großen Hausfenster alles gesehen?», fragten sie neugierig. «Wir haben gehört, dass unser Herr prächtige Zimmer, wunderschöne Wandteppiche, teure Möbel und wertvolle Gemälde in goldenen Rahmen besitzt.»

«Ich habe nichts davon gesehen», antwortete das Schwein.
«Wo auch immer ich hingeschaut habe, überall war nur Dreck, Matsch und Müll.»

✎ Stop & Reflect

Welcher Grundgedanke verbirgt sich hinter dieser Geschichte?

....

....

....

Was würdest du dem Schwein für seinen nächsten Spaziergang
mit auf den Weg geben?

....

....

....

Die Lektion des Respekts

«Was wäre aus mir geworden, wenn ich nicht immer genötigt
gewesen wäre, Respekt vor anderen zu haben.»
– Johann Wolfgang von Goethe

In der sechsten Klasse bin ich mit meinen Eltern nach Bayern umgezogen. Meine neue Schule war das Gymnasium in Gars am Inn. Gleich in der ersten Unterrichtsstunde lernte ich meinen Religionslehrer kennen, einen sehr sympathischen Mann, der die gesamte Stunde nutzte, um mich meinen Mitschülern vorzustellen und mich mit meiner neuen Umgebung etwas vertrauter zu machen.

Nach nur zwei Wochen, die ich nun schon diese schöne und idyllisch gelegene Schule besuchte, legte uns eben dieser nette Religionslehrer zu Stundenbeginn einen schriftlichen Test vor. Ich war ein wissbegieriger und aufmerksamer Schüler und hatte relativ zügig meine Antworten auf alle Fragen zu Papier gebracht, als ich die letzte Aufgabe las: «Wie heißt der Hausmeister unserer Schule mit Vor- und Nachnamen?»

Ich fing an zu lachen und dachte, das wäre ein Scherz. Ich wusste, wer der Hausmeister der Schule ist, denn schließlich hatte ich ihn in den zwei Wochen schon ein paar Mal gesehen. Gemeint war der etwas unscheinbare Mann mit den schwarzen Haaren, der nicht viel sprach, aber immer einen freundlichen Blick für die Schüler übrig hatte. Jeden Tag kaufte ich mir an seinem Kiosk mein Pausenbrot. Aber seinen Namen kannte ich nicht. Woher sollte ich den denn auch wissen? Wofür sind Namen überhaupt wichtig?

Touch the Sky

Ich konnte die letzte Frage also nicht beantworten und gab meinen Test etwas irritiert ab.

Kurz vor Ende der Unterrichtsstunde meldete sich einer meiner Mitschüler und fragte den Lehrer, ob die letzte Frage ernst gemeint gewesen sei.

«Selbstverständlich», antwortete unser Lehrer. «Im Laufe eures Lebens werdet ihr jede Menge Menschen treffen. Alle sind bedeutsam und sollten mit Respekt behandelt werden. Sie verdienen eure volle Beachtung und Aufmerksamkeit, selbst wenn ihr sie nur freundlich anlächelt und in einem netten Ton ›Hallo‹ sagt.»

Ich habe diese Lektion für den Rest meines Lebens nicht vergessen.

Ach übrigens, unser Hausmeister hieß Herr Lange.
Klaus Lange.

✏ Stop & Reflect

Für welches Thema hat der Lehrer in dieser Geschichte seine Schüler sensibilisiert und warum ist dieses von großer Bedeutung im Leben?

Welpen zu verkaufen

*«Ich bin nur ein einzelner Mensch, ich kann nicht alles im Leben erreichen.
Aber ich kann etwas erreichen. Und weil ich nicht alles erreichen kann,
werde ich mich nicht aufhalten lassen, etwas zu erreichen!»
– Edward Everett Hale*

Ein Farmer hatte ein paar kleine Welpen, die er verkaufen wollte. Er stellte ein Schild an der Einfahrt zu seinem Grundstück auf. Als er mit einem letzten Hammerschlag das Schild tief im Boden verankern wollte, spürte er ein Zerren an seiner Arbeitshose. Er blickte hinab in die Augen eines kleinen Jungen.

«Ich möchte gerne einen Ihrer Welpen kaufen», sprach der Junge. «Mein Junge», erwiderte der Farmer, während er sich den Schweiß aus dem Nacken wischte, «diese Welpen haben reinrassige Eltern und kosten eine Menge Geld.»

Für einen Moment senkte der Junge enttäuscht den Kopf. Dann steckte er seine Hände tief in die Hosentaschen, zog ein paar Münzen hervor und hielt sie dem Farmer unter die Nase.
«Ich habe 59 Cent. Reicht das, um die Welpen anschauen zu dürfen?»

«Natürlich», antwortete der Farmer. Und sogleich pfiff er laut und rief: «Dolly, komm her!»

Aus dem Hundehaus sprintete Dolly, gefolgt von vier kleinen, süßen und quicklebendigen Pelzknäueln die Hunderampe hinunter. Der Junge verfolgte strahlend und entzückt das Geschehen.

Touch the Sky

Als die Mutter mit ihren vier Welpen immer näher kam, bemerkte der Junge, dass sich im Hundehäuschen noch etwas bewegte.
Langsam kam ein weiterer Pelzknäuel zum Vorschein.
Er war deutlich kleiner als die anderen. Hilflos rutschte er die Hunderampe hinunter. Unbeholfen hinkte der kleine Welpe den anderen hinterher. Er tat sein Bestes, um sie einzuholen.

«Ich würde gerne diesen haben», sagte der Junge und zeigte auf den kleinen, schwächeren Knilch.

Der Farmer kniete sich neben den kleinen Jungen und sagte: «Mein Junge, diesen Welpen willst du nicht haben. Er wird nie in der Lage sein, so zu laufen und mit dir zu spielen, wie das die anderen können.»

Der kleine Junge trat einen Schritt zurück, bückte sich und begann, eines seiner Hosenbeine hochzukrempeln. Eine stählerne Stütze kam zum Vorschein, die an seinem Oberschenkel begann und in einen künstlichen Fuß in seinem Schuh überging.

Der Junge blickte den Farmer an und sagte: «Sie sehen, ich kann auch nicht so gut laufen und spielen! Und der Welpe braucht jemanden, der ihn versteht!»

– Steve Goodier

✐ Stop & Reflect

Welches ist dein Handicap, und wie gehst du damit um?

....

....

....

Sage einem Menschen (heute), wie sehr du ihn liebst

«Es tut weh, einen Menschen zu lieben und im Gegenzug nicht von ihm geliebt zu werden. Aber am schmerzhaftesten ist es, jemanden zu lieben und niemals den Mut zu haben, dieser Person mitzuteilen, was man für sie empfindet.»
– Unbekannt

Stell dir folgendes Szenario vor: Du hast noch genau 24 Stunden zu leben und du kannst nur noch einen Anruf machen. Wen würdest du anrufen und was würdest du dieser Person sagen?

Und nun sage mir, warum wartest du damit? Warum sagst du es dieser Person nicht jetzt sofort?

Oft warten wir mit diesen kleinen, aber doch so wichtigen Botschaften sehr lange, zögern. Vielleicht denken viele, sie leben für immer. Oder der ideale Zeitpunkt, an dem wir unseren Lieben sagen, was wir für sie empfinden, wird schon irgendwann kommen. Doch wann ist dieses Irgendwann? Und kann man dieses Irgendwann auch verpassen, weil man zu lange gewartet hat?

Auf einer meiner Reisen durch Amerika erzählte mir ein Freund seine persönliche Geschichte.

Mein Freund Tom war Sozialpädagoge und betreute kriminell gewordene Jugendliche, die schwere Straftaten begangen hatten und vom Gericht verurteilt worden waren. Jugendliche, für die Tom die letzte Hoffnung war, denn entweder kamen sie bei ihm auf den richtigen

Weg oder sie mussten ihre Strafe im Gefängnis absitzen.
Einmal hatte Tom in seiner Therapie einen vierzehnjährigen Jungen, bei dem bis jetzt alle therapeutischen Ansätze versagt hatten.

In einer der Stunden kamen die beiden auf das Thema Familie zu sprechen. Es stellte sich schnell heraus, dass der Junge ein sehr zerrüttetes Verhältnis zu seinen Eltern hatte.

«Wann hast du deinen Eltern das letzte Mal gesagt, dass du sie lieb hast? Und hast du ihnen schon einmal für alles gedankt, was sie in deinem Leben für dich getan haben?», fragte Tom den Jungen.

Der Junge bekam große Augen: «Das habe ich noch nie getan, Sir.»
«Ich möchte, dass du genau das bis morgen tust.»

Der Junge zuckte zusammen. «Auf keinen Fall», kam die Antwort wie aus der Pistole geschossen. «Das kann ich nicht. Das mache ich nicht.»

«Du musst versuchen, dich zu überwinden, sonst werden wir nicht weiterkommen. Es geht um dich und deine Zukunft», entgegnete Tom. «Mach du den ersten Schritt, dann werden sich deine Eltern auch dir gegenüber öffnen.»

Nun, der Junge war kriminell, aber nicht blöd: «Wann haben Sie diese Worte zum letzten Mal zu Ihren Eltern gesagt?», fragte er Tom.
Plötzlich wurde es für einige Sekunden ganz still im Raum.

Tom musste ehrlich zugeben, dass auch er diese Worte noch nie zu seinen Eltern gesagt hatte.

«Ha», sagte der Junge triumphierend, «dann machen wir einen Deal – wenn Sie es machen, werde ich es auch tun.»
Gesagt, getan. Beide schlugen mit den Händen ein. Der Deal galt.

Am Freitagnachmittag machte sich Tom auf den langen Weg zu seiner Mutter, um das Wochenende mit ihr zu verbringen. Sein Vater war bereits vor mehreren Jahren verstorben.

Nach einer mehrstündigen Fahrt erreichte Tom endlich sein Ziel. Als seine Mutter ihm freudig die Tür öffnete, fiel ihr Tom mit einer innigen Umarmung um den Hals.

«Hallo Mama, schön dich zu sehen. Danke für alles, was du in meinem Leben bisher für mich getan hast. Ich hab dich lieb, Mama.»

Er wollte ihr einen Strauß roter Rosen in die Hand drücken, doch seine Mutter wich irritiert ein paar Schritte zurück und schaute ihn vollkommen überrascht an. Solche Worte hatte sie noch nie von ihrem Sohn gehört!

Tom lächelte sie an, ging langsam auf sie zu und sagte: «Mama, ich möchte dir für alles danken, was du bisher für mich getan hast. Du bist die beste Mutter auf der Welt. Und es tut mir leid, dass ich so lange gebraucht habe, um dir das zu sagen.» Dabei umarmte er sie ein zweites Mal herzlich.

Die beiden verbrachten das schönste Wochenende ihres Lebens miteinander. Sie lachten viel und unterhielten sich offen über Themen, über die sie vorher noch nie geredet hatten. Es schien, als wäre ein unsichtbarer Damm zwischen ihnen gebrochen. Nun war der Weg frei für eine vertrauensvolle Beziehung.

Die Zeit verging wie im Flug und am Sonntag musste Tom schweren Herzens die Heimreise antreten. Als er ins Auto stieg, stand seine Mutter auf dem Balkon und winkte ihm glücklich zu. Tom ließ das Autofenster noch einmal herunter und rief ihr zu: «Mama, ich liebe dich. Danke für alles, was du für mich getan hast.»

Touch the Sky

«Tom, ich hab dich lieb», antwortete seine Mutter, die überwältigt und mit Tränen in den Augen auf dem Balkon stand.

«Ich hab dich auch lieb, Mama. Pass auf dich auf.» Tom winkte ein letztes Mal, dann rollte sein Wagen langsam aus der Einfahrt.

«Was für ein Wochenende», dachte Tom auf der gesamten Rückfahrt.

Am nächsten Morgen ging er wie gewohnt seiner Arbeit nach. Mitte der Woche saß Tom vielbeschäftigt an seinem Schreibtisch, als plötzlich das Telefon klingelte. Am anderen Ende der Leitung war der Chefarzt des Krankenhauses seiner Heimatstadt. Er überbrachte Tom die traurige Nachricht, dass seine Mutter für alle völlig überraschend gestorben war – Herzversagen!

Ich weiß noch ganz genau, wie betroffen ich auf meinem Stuhl saß, als Tom mir diese Geschichte erzählte. Ich wusste nicht, was ich sagen und wie ich reagieren sollte.

«Nun», sagte Tom nach einer kurzen Pause zu mir, «mehrere Wochen nachdem der Schmerz über den Verlust meiner Mutter vergangen war, wurde mir plötzlich Folgendes bewusst: Wenn ich in meiner Therapie nicht diesen kriminellen Jungen getroffen hätte … meine Mutter hätte nie von mir erfahren, wie dankbar ich ihr für alles bin und wie sehr ich sie liebe.»

Geht zu euren Eltern, dankt ihnen für alles, was sie bisher in ihrem Leben für euch getan haben, und sagt ihnen offen und ehrlich, wie sehr ihr sie liebt.

– Allan Silva
Allan lebt mit seiner Familie auf Hawaii

✎ Stop & Reflect

Was ist dir durch die Geschichte von Tom und seiner Mutter klar geworden?

....

....

....

Welche Auswirkungen wird diese Erkenntnis auf dein zukünftiges
Handeln haben?

....

....

....

Touch the Sky

Folge deinem Herzen

«Lass dich von deinen Träumen führen,
nicht von deinen Problemen bedrängen.»
– Unbekannt

Mike Krzyzewski, Basketball Headcoach an der Duke, ist der angesehenste Collegetrainer in Amerika und ein hochbezahlter öffentlicher Redner. Coach K, so sein Trainername, begann seine Trainerkarriere 1975 an der Militärakademie. 1980 übernahm er den Trainerposten an der Duke Universität und ist seit mittlerweile 31 Jahren an der Schule. In dieser Zeit gewann er drei nationale Meisterschaften, wurde sieben Mal zum besten nationalen Collegetrainer gewählt und machte zahlreiche Spieler zu NBA-Superstars, unter ihnen Grant Hill, Christian Laettner, Shane Battier und Carlos Boozer. Auf dem Universitätsgelände in Duke genießt er legendären Status.

Selbst das Spielfeld der Mannschaft wurde nach ihm benannt. «Coach K Court» leuchtet es vom Parkett in blauen Buchstaben durch die über 9000 Zuschauer fassende Arena. Kürzlich versuchte das NBA-Team der Los Angeles Lakers, Coach K als seinen Trainer zu gewinnen. Es hatte keine Chance – trotz eines Angebotes von acht Millionen Dollar Gehalt im Jahr, das ihn zum bestbezahlten Sporttrainer aller Zeiten gemacht hätte. Coach K wird die Basketballdynastie, die er an der Duke Universität in den letzten 30 Jahren aufgebaut hat, bis ans Ende seiner Trainertage nicht verlassen.

Touch the Sky

Ich hatte das Glück, Mike Krzyzewski persönlich kennen lernen zu dürfen, denn in den letzten Jahren verbrachte ich einen Teil meiner Sommer an der Duke Universität, um als Trainer in ihrem Programm mitzuarbeiten. Ich war dort unter anderem an den Sommercamps beteiligt.

Hier die Geschichte meines letzten Besuchs:

Das Camp hatte gerade begonnen. Draußen war es wieder einmal brütend heiß und die Teilnehmer und Trainer schwitzten in der Halle bei ihrem intensiven Trainingsprogramm.
Nach einer Weile kam der Campleiter, Mike Schrage, auf mich zu und bat mich, mit ihm zu kommen. Ich übergab die Verantwortung an meinen Assistenztrainer und folgte Mike. Mein Puls stieg, denn ich wusste genau, was nun folgen würde: Ein persönliches Treffen mit Coach K, auf das ich so lange gewartet und für das ich so viele Anstrengungen auf mich genommen hatte.

«Der Coach möchte gerne mit dir unter vier Augen reden und hat mich gebeten, dich zu holen», erklärte mir Mike auf dem Weg zu Coach Ks Büro.

«Du musst etwas Besonderes haben, sonst würde er das nicht machen!»

Meine Nervosität stieg noch mehr, als mich Coach K in sein Büro bat. Dieser Raum, eine einzige Traditionsgeschichte, faszinierte mich sofort. An den Wänden hingen, eingebettet in goldene Bilderrahmen, unzählige Fotos, Bilder, Zitate und Bestleistungen von Spielern, die von Coach K trainiert worden waren. Grant Hill, Elton Brand, Jason Williams, Michael Jordan – sie alle waren in diesem Büro verewigt. An der Wand, gegenüber dem edlen und großen Schreibtisch befand sich ein überdimensionaler Videoscreen, dazwischen Regale und Vitrinen, in denen unzählige Pokale, Auszeichnungen und mit den Bestleistungen von Coach K bedruckte Basketbälle zu sehen waren.

Coach K bat mich, Platz zu nehmen, und für einen Moment schauten wir uns stumm in die Augen. Dann begann er zu erzählen, und nach wenigen Sekunden war meine Angespanntheit plötzlich wie weggeblasen. Er gab mir das Gefühl, ich sei ein langjähriger Vertrauter, ein Freund. Der Raum füllte sich mit Wärme und positiver Energie.

Ich hörte aufmerksam zu, öffnete meinen Notizblock und nahm einen Kugelschreiber zur Hand. Ich machte so viele Notizen wie irgend möglich. Jeder einzelne Gedanke war für mich ein unglaublich interessanter und wertvoller Impuls. Um nichts auf der Welt wollte ich auch nur einen verpassen, deshalb schrieb ich so viel, wie es meine Hand erlaubte.

Ich hatte ein paar Fragen vorbereitet, die ich Coach Krzyzewski in der Kürze der Zeit auf jeden Fall stellen wollte. Die Klarheit und Prägnanz seiner Antworten war beeindruckend. Er hatte die Gabe, Dinge in eine einfache und verständliche Sprache zu kleiden. Er konnte Sachverhalte auf den Punkt bringen, ohne dabei kalt und distanziert zu wirken. Ganz im Gegenteil, das Gespräch war gekennzeichnet von gegenseitigem Interesse, Lebhaftigkeit und Emotionalität.

«Coach, wie werde ich im Leben erfolgreich?», lautete meine wichtigste Frage.

«Nun, erstens versuche, das im Leben zu tun, wofür du eine absolute Leidenschaft entwickelt hast. Zweitens musst du Talent für das haben, was du tust. Wenn du kein Talent hast, ist dein Enthusiasmus auf das falsche Ziel gerichtet. Und drittens musst du damit genug verdienen, um davon so leben zu können, wie du leben möchtest. Wenn du diese drei Dinge bewerkstelligen kannst, bist du erfolgreicher als viele Menschen, die mehrere Millionen Dollar besitzen. Denn Erfolg ist persönliche Erfüllung. Du musst mit dir selbst zufrieden sein, mit dir im Reinen stehen.»

«Wie bringt man Menschen in ihrer persönlichen Entwicklung weiter?», war die nächste meiner Fragen.

«Das Wichtigste ist, jemandem Zeit zu geben. Nichts Großes geschieht von heute auf morgen. Zweitens muss man eine Beziehung aufbauen, die auf gegenseitigem Vertrauen basiert. Drittens ist deine eigene Glaubwürdigkeit ganz wichtig. Und viertens müssen deine Mitmenschen immer wissen, dass du sie niemals anlügst.»

Ich habe einen ganz besonderen Menschen kennen lernen dürfen. Neben all diesen interessanten Hinweisen und Fakten habe ich vor allem eins gelernt:

«Folge deinem Herzen, denn du lebst nur einmal! Betrachte alles im Leben als eine Chance zu wachsen und besser zu werden.»

Das waren seine Worte zum Abschluss.

Seitdem hängt an meinem Badezimmerspiegel ein großer Zettel, auf dem ich jeden Morgen lese:

«Folge deinem Herzen – du lebst nur einmal!»

✏ Stop & Reflect

Wie kannst du laut Coach K ein erfolgreiches Leben führen?

....

....

....

Was tust du jeden Tag dafür?

....

....

....

Touch the Sky

Pflege deine echten Freundschaften

«Trage einen wahren Freund behutsam auf beiden Händen.»
– Afrikanisches Sprichwort

Niemand sollte Freundschaften und gute Freunde als etwas Selbstverständliches betrachten. Freundschaft bedeutet, unsere Persönlichkeit und unser Leben mit anderen zu teilen. Aufrichtiges Interesse aneinander haben, füreinander da sein – in einer echten Freundschaft gibt es keine Einbahnstraße. Beide Seiten müssen daran arbeiten, denn Freundschaft ist ein Kunstwerk, das sehr lange braucht, bis es fertig wird, und doch immer zerbrechlich bleibt.

Eine gute Freundschaft ist nicht selbstverständlich!

Mein langjähriger Trainerfreund, Dr. Ron Slaymaker aus Kansas/USA, hat mir vor ein paar Jahren gezeigt, was echte Freundschaft ist.

Coach Slaymaker ist 2002 als Trainer in die »Kansas Hall of Fame» aufgenommen worden. Der heute 74-Jährige war über 40 Jahre lang als Collegetrainer tätig und betreute unter anderem das amerikanische Basketballteam, das 1988 an der Universiade in Zagreb teilnahm. Wir hatten die letzten Jahre viel miteinander zu tun, sowohl in Deutschland als auch in Amerika. Im Sommer 2002 veranstalteten wir gemeinsam Basketballcamps in Kansas.

Ich war erst seit einer Woche wieder zurück in Deutschland, als ich an einem Tag drei Briefe von meinem sehr geschätzten und guten Freund Dr. Ron Slaymaker erhielt.

Touch the Sky

Drei Briefe auf einmal, ich konnte es kaum glauben! Nun, ich öffnete die ersten beiden Briefe und sie enthielten Antworten auf Fragen, die ich ihm in diesem Sommer im Laufe unserer gemeinsamen Zeit gestellt hatte und die er mir teilweise nicht sofort beantworten konnte.

Der dritte Brief war anders. Er befand sich in einem größeren grünen Umschlag und ich wusste sofort, dass er etwas Besonderes war. Als ich ihn vorsichtig und voller Erwartung öffnete, hielt ich zu meinem Erstaunen eine Dankeskarte mit folgendem Wortlaut in den Händen:

Thank you so much ...
Because you've been so very nice,
It's difficult to say
How much appreciation
Is in this card today,
So this is meant to tell you thanks
And then to tell you, too,
The world would be much nicer
If more people were like you!

Ich war sprachlos! Dr. Ron Slaymaker hat sich zusammen mit seiner Frau für die schöne gemeinsame Zeit in diesem Sommer bedankt. Dabei hätte ich ihm sehr herzlich danken müssen, denn er bereitete mir einen wundervollen Sommer mit großartigen Erfahrungen. Er hat mich nicht nur für über zwei Wochen in seinem Haus beherbergt und mich wie seinen eigenen Sohn behandelt, sondern mir auch viele unvergessliche Erlebnisse geschenkt.

Und dennoch bedankte er sich bei mir!
Diese Karte hat mir Energie und Motivation für die nächsten Wochen gegeben – durchweg positive Impulse, mit denen man sich fühlt, als könne man Bäume ausreißen.

Und darüber hinaus hat er mir mit dieser Karte die Augen geöffnet. Behandle deine Freunde wie deinen größten Schatz. Man kann sich gar nicht oft genug bei ihnen bedanken!

✎ Stop & Reflect

Was bedeutet Freundschaft für dich?

....

....

....

Bei welcher Person bedankst du dich diese Woche und sagst ihr, wie sehr du ihre Freundschaft schätzt?

....

....

Wen erfüllst du in dieser Woche durch deine herzlichen Worte mit Energie, Kraft und neuer Motivation?

....

....

Ehre die Menschen, die dir dienen

«Kein Mensch hat bisher einen Preis für all die Dinge erhalten, die er von anderen bekommen hat. Ehre wurde ihm zuteil, wenn er gegeben hat.»
– Ex-US-Präsident Calvin Coolidge

Diese Geschichte hat mir einmal eine Freundin erzählt:

Ich hatte zwei Jobs als Kellnerin. Im Winter arbeitete ich in einem noblen Restaurant, im Sommer half ich öfters bei einem Freund in einem großen Biergarten aus. Ich konnte bei regem Betrieb an einem Abend viel Geld verdienen.

An einem wunderschönen, lauwarmen Sommerabend betrat ein kleiner Junge unseren Biergarten und setzte sich an den einzigen noch freien Tisch. Es war einer der Abende, an denen man als Bedienung das schöne Wetter nicht genießen konnte. Der Garten war brechend voll und wir waren seit Stunden pausenlos im Einsatz. Ich eilte zu dem kleinen Jungen an den Tisch und fragte nach seinem Wunsch, zu beschäftigt, um mich zu wundern, warum er ohne seine Eltern oder Freunde hier aufgetaucht war.

«Wie viel kostet eine Spezimaß*?», fragte mich der kleine Junge.
«Drei Euro fünfzig», erwiderte ich kurz und knapp. Der Bub griff in seine Hosentasche und zog eine Reihe Münzen hervor, die er behutsam zählte. Ich dachte, das sei ein Scherz.

---

* 1 Maß = 1 Liter (bayr.)

Touch the Sky

«Wie viel kostet denn ein kleiner Spezi?», erkundigte er sich. Mittlerweile warteten mehrere Gäste an ihren Tischen und ich wurde ungeduldig, zumal für mich ersichtlich war, dass mit dem kleinen Jungen kein großes Geschäft zu machen war.

«Zwei Euro achtzig», erwiderte ich ungehalten, obwohl dieser kleine nette Junge mir eigentlich sehr sympathisch war.

Der Junge öffnete seine Hand und zählte wiederum penibel genau und bedächtig sein Geld. Es lag so in seiner halb geöffneten Hand, dass ich nicht sehen konnte, wie viel es war.

«Dann hätte ich gerne einen kleinen Spezi», sagte er nach einiger Zeit freundlich zu mir.

Ich nahm die Bestellung auf, brachte ihm kurz darauf seinen Spezi, ging wortlos weiter und widmete meine Aufmerksamkeit wieder den anderen Gästen, mit denen mehr Geld zu verdienen war.

Ich weiß nicht warum, aber in den nächsten Minuten schweiften meine Augen trotz der vielen Arbeit immer und immer wieder zu dem Tisch des kleinen Jungen. Der genoss in aller Ruhe mit leuchtenden Augen und einem strahlenden Lächeln, das den ganzen Biergarten erfüllte, seinen Spezi.
Vor Freude wippte er unter dem Tisch mit seinen Beinen auf und ab. Mir erschien es, als wäre er ganz stolz darauf, alleine mit seinem Getränk in dem großen Garten zu sitzen.

Dann musste ich mich wieder intensiv meiner Arbeit widmen. Als ich Minuten später verstohlen in Richtung des Jungen blickte, war dieser verschwunden. Das Glas stand leer auf seinem Platz.

Ich ging zu dem leeren Tisch zurück, um das Glas abzuräumen und ihn sauber zu wischen. Plötzlich schossen mir Tränen in die Augen. Auf dem Tisch neben dem leeren Glas lagen ordentlich nebeneinander gelegt drei 1-Euro-Münzen, zwei 20-Cent-Münzen und ein 10-Cent-Stück. Insgesamt drei Euro fünfzig.

Und auf einmal wurde mir klar, dass der kleine Junge sich nicht die Spezimaß bestellen konnte, weil er nur drei Euro fünfzig hatte und mir auf jeden Fall ein Trinkgeld geben wollte.

Ich schämte mich, weil ich in meiner Hektik und in der Hoffnung, mit anderen Gästen mehr Geld verdienen zu können, nicht so freundlich zu dem kleinen netten Jungen gewesen war, wie er es verdient hätte.

Kurzzeitig hatte ich vergessen, dass es die kleinen Dinge im Leben sind, die zählen: ein freundliches Lächeln, ein nettes Wort und ein kleiner Junge, für den es eine riesige Freude und eine große Herausforderung ist, allein in einem Biergarten einen Spezi zu trinken.

Am Wochenende kam der Junge mit seinen Großeltern, und ich spendierte ihm eine ganze Spezimaß. Verwundert schauten seine Großeltern mir nach.

✎ Stop & Reflect

Was hat die Kellnerin in dieser Geschichte falsch gemacht?
Was hat sie dadurch gelernt?

....

....

....

Touch the Sky

Sei zuverlässig

«Versuche, dich immer mit Menschen zu umgeben,
die an dich glauben und zu dir stehen.»
– Unbekannt

Drei deutsche Freunde waren in Eigenregie auf einer Safaritour durch die weiten Landschaften Afrikas unterwegs. Sie fuhren den ganzen Tag in ihrem Jeep durch die weitläufige Savanne, und als der Abend hereinbrach, ließen sie – trotz aller Warnungen der Einheimischen – das Auto stehen, um zu Fuß ein wenig die Landschaft zu erkunden.

Nach wenigen Minuten erblickten sie plötzlich einen Löwen.
Zwei der Freunde flüchteten sofort zu den nächstgelegenen Bäumen, kletterten die Stämme hinauf und versuchten, sich in dem Astwerk zu verstecken. Der Dritte von ihnen aber erstarrte sekundenlang und verharrte regungslos. Als er wieder Herr über seinen Körper war, merkte er, dass er nicht mehr vor dem Löwen flüchten konnte. Alleingelassen von seinen Freunden entschied er sich für die einzige Möglichkeit, die noch blieb: Er warf sich flach auf den Boden und stellte sich tot.

Langsam schlich der Löwe immer näher an ihn heran.
Der Mann hielt die Luft an und versuchte, nicht die geringste Bewegung zu machen. Sein Herz raste vor Angst und hämmerte in seiner Brust. ›Meine letzte Stunde hat geschlagen‹, dachte er, innerlich am ganzen Körper zitternd.

Das mächtige Tier ging schnuppernd um ihn herum und verharrte plötzlich für einige Sekunden am Kopf des Mannes.

Die beiden anderen betrachteten von ihren sicheren Plätzen in den Baumkronen aus entsetzt das Geschehen.

Der Löwe hob seine rechte Pranke und berührte damit den Körper des Freundes, als wolle er ihn streicheln. Dann trottete er gemächlich weiter und verschwand seelenruhig im dichten Gebüsch.

Ein wenig später wagten sich die beiden anderen von den Bäumen hinunter. Sie gingen überglücklich zu ihrem Freund.

«Gott sei Dank hattest du so viel Glück. Vom Baum aus wirkte es, als würde dir der Löwe gleich den Kopf abreißen.»

Der dritte Freund antwortete mit einem zynischen Lächeln: «Ganz im Gegenteil. Der Löwe hat mit mir geredet und mir sein Beileid ausgesprochen.»

«Warum?», fragten die beiden verdutzt.

«Wegen euch beiden», antwortete der dritte. «Er hat mir empfohlen, nie mehr mit solchen Freunden nach Afrika in die Wildnis zu reisen. Freunde, die dich beim ersten Anzeichen von Gefahr im Stich lassen, sind keine wahren Freunde.»

– Frei nacherzählt aus dem Englischen
Urheber unbekannt

✏️ Stop & Reflect

Was will uns diese Geschichte sagen?

....

....

....

Touch the Sky

Die Hindernisse in unserem täglichen Leben

«Es gibt keine Probleme im Leben,
nur Möglichkeiten.»
– Unbekannt

Einmal stellte ein Sportlehrer einen großen und schweren Kasten in die Mitte einer kleinen Turnhalle. Anschließend versteckte er sich im Geräteraum, um die Reaktionen seiner Schüler, die jeden Moment die Halle betreten mussten, zu beobachten. Zuvor hatte er ihnen versprochen, dass sie heute die ganze Stunde Fußball spielen dürften. Damit war klar, dass der Kasten nicht gebraucht würde. Zudem war die Halle immer aufgeräumt. Der Kasten stand genau in der Mitte der kleinen Turnhalle und behinderte damit jegliche sportlichen Aktivitäten erheblich. Doch insgesamt war genug Platz, um das Hindernis ohne große Mühen zu umgehen.

Die ersten Schüler betraten die Halle und gingen einfach an dem Kasten vorbei. Dabei schimpften viele lauthals über die Mitschüler und Lehrer, die die Halle nicht aufgeräumt hatten. Doch keiner der Schüler unternahm selbst etwas, um den großen Kasten zu entfernen.

Zuletzt betrat ein schmächtiger und blasser Schüler den Raum. Der Lehrer wusste, dass dieser ruhige und zurückhaltende Junge nicht besonders sportlich war. In der Klasse war er eher ein Außenseiter.

Als der Junge den Kasten sah, ging er auf ihn zu und versuchte, ihn aus dem Weg zu schieben. Alle seine Mitschüler rannten und tobten mittlerweile und machten Blödsinn.

Da der Kasten keine Räder hatte, konnte der schmächtige Junge ihn nicht einfach aus der Halle schieben. Also baute er Kastenteil für Kastenteil auseinander und trug unter großer körperlicher Anstrengung eines nach dem anderen in den offenen Geräteraum.

Während der gesamten Zeit kam ihm keiner seiner Mitschüler zu Hilfe, obwohl es offensichtlich war, dass der Junge an der Grenze seiner Kräfte arbeitete. Nach minutenlangem Rackern und Schuften hatte er alle Kastenteile in den Geräteraum gebracht und sie dort wieder zusammengebaut.

Anschließend wollte der Junge zu seinen Mitschülern gehen, als er eine kleine, auf dem Hallenboden festgeklebte Folie sah. Sie lag genau an der Stelle, an der vorher der große Kasten gestanden hatte.

Der Junge löste die Folie vorsichtig vom Boden und fand darin einen Fünf-Euro-Schein sowie eine Nachricht von seinem Sportlehrer, die besagte, dass das Geld für den Schüler sei, der sich die Mühe macht, den Kasten aus dem Weg zu räumen.

Der Junge hatte soeben die Lektion gelernt, die viele von uns nie verstehen: Jedes Hindernis in unserem Leben ist eine Chance, unsere gegenwärtige Situation zu verbessern. Es gibt keine Probleme im Leben, nur Möglichkeiten!

✏ Stop & Reflect

Was wirst du nach dieser Geschichte in deinem Leben anders
machen als bisher?

....

....

....

....

....

....

Beharrlichkeit + Ausdauer = Erfolg

*«Ein Champion ist jemand,
der aufsteht, wenn er nicht mehr kann.»
– Jack Dempsey*

Im letzten Sommer habe ich direkt vor meiner Haustür ein kleines Mädchen kennen gelernt. Ich wollte gerade in mein Auto steigen, als es unsicher um die Ecke bog. Mit seinem Schulranzen auf dem Rücken fuhr es auf einem Einrad. Seine volle Konzentration war darauf gerichtet, die Balance zu halten. Dabei ruderte es wild mit den Armen, kam mal schneller, mal langsamer voran. Und dann passierte es: Das Mädchen verlor das Gleichgewicht, fiel vom Einrad, konnte sich aber gerade noch rechtzeitig abstützen und verletzte sich nicht. Das Rad jedoch ging mit lautem Scheppern zu Boden.

Und was machte das Mädchen? Es hob das Rad seelenruhig auf, schwang sich wieder auf den Sattel und fuhr weiter.

«Sehr gut machst du das», rief ich ihm zu, als es an mir vorbeifuhr.

«Danke, es macht auch voll viel Spaß», erwiderte es, ohne den Blick vom Boden zu nehmen.

«Wie lange machst du das denn schon?», wollte ich wissen.

«Seit ein paar Wochen», antwortete es. «Jeden Tag 15 Minuten, wenn ich von der Schule nach Hause fahre.»

«Viel Vergnügen noch», rief ich ihm hinterher, denn es war schon um die nächste Ecke verschwunden.

Ich habe dieses Mädchen seitdem nie mehr gesehen. Aber ich habe das sichere Gefühl, dass aus ihm eine verdammt gute Einradfahrerin geworden ist.

Warum?

Weil es 15 Minuten sinnvoll genutzt hat. Genutzt, um in einer Sache seiner Wahl besser zu werden. Es hat mir bei dieser flüchtigen Begegnung etwas sehr Wichtiges beigebracht:

Wenn man eine selbst gewählte Tätigkeit jeden Tag 15 Minuten trainiert, wird man sie schon bald sehr gut beherrschen!

Wenn man eine Fremdsprache täglich 15 Minuten lernt, wird man sie schneller fließend sprechen, als man es selbst für möglich hält. Wenn man 15 Minuten am Tag ein Instrument spielt, wird man viel schneller besser, als man glaubt. Wenn man täglich 15 Minuten joggen geht, wird man in kurzer Zeit fit und vital.

Und wenn man 15 Minuten am Tag Einradfahren übt, wird man innerhalb von ein paar Wochen sich selbst beweisen, wie schnell man etwas Neues lernen kann.

Diese kurze Begegnung mit dem jungen Mädchen hat mich aber auch in etwas anderem bestätigt.
Es gibt nur einen Unterschied zwischen einem sehr guten Einradfahrer und jemandem, der keine oder nur kleine Fortschritte macht: Wenn der sehr gute Einradfahrer von seinem Rad fällt, hebt er es einfach auf und fängt von vorne an. Er hebt es einmal öfter auf, als er hinfällt. Er lässt sich nicht frustrieren, er gibt nicht auf. Das ist der einzige Unterschied. Beharrlichkeit und Ausdauer!

Such dir eine Sache, die du können möchtest und die du gerne machst. Versprich dir selbst, dass du jeden Tag mindestens 15 Minuten an ihr arbeiten wirst. Lass dich nicht durch Misserfolge von deinem Plan abbringen. Fang einfach am nächsten Tag wieder an und mach weiter. Auf dem Weg zum Erfolg im Leben gibt es keinen Aufzug.
Du musst die Treppe benutzen!

Sei ein sehr guter Einradfahrer! Der Erfolg ist dir sicher!

Stop & Reflect

Welcher Grundgedanke verbirgt sich hinter dieser Geschichte?

....

....

....

Was wirst du von nun an 15 Minuten am Tag tun?

....

....

....

Touch the Sky

Lerne das Spiel «Was ist das Gute daran?»

«Wir können nicht die Windrichtung vorgeben,
aber wir können unsere Segel neu ausrichten.»
– Unbekannt

Dieses Spiel gibt jedem innerhalb von Sekunden die Möglichkeit, die kleinen Dinge des Alltags, über die man sich so gerne ärgert, in neuem Licht zu sehen. Jeder von uns gerät täglich in Situationen, die ihn emotional leicht aus dem Gleichgewicht bringen und mit denen er nicht zufrieden ist. Situationen, die uns stören, die wir aber nicht beeinflussen können. Der Ärger beginnt in uns zu wachsen, wir werden unruhig, verlieren unseren inneren Frieden und damit auch unsere Freundlichkeit.

Oft reicht zum Beispiel eine lange Schlange an der Kasse im Supermarkt, um den Unmut vieler Kunden hervorzurufen: «Warum dauert das hier so lange? Ich habe keine Zeit, hier ewig anzustehen und sinnlos zu warten.»

Mit diesen Gedanken wächst die eigene Unzufriedenheit. Wir sind zum Streit bereit – wütend auf die unfähigen Mitarbeiter des Supermarktes, die es nicht schaffen, eine weitere Kasse zu öffnen, und die dem Kunden scheinbar nicht genügend Respekt zollen. Jeden Tag mehrere Erlebnisse dieser Art sorgen mit der Zeit dafür, dass wir emotional unausgeglichen werden und alles nur noch negativ sehen.

Ich gehe anders an die Sache heran. Ich komme mit meinem vollen Einkaufswagen an das Ende der langen Schlange und frage mich: «Was ist das Gute daran, dass ich jetzt ein paar Minuten hier warten muss?»

Touch the Sky

Drei mögliche Antworten lauten:

1. Ich lerne, geduldig zu sein und meine innere Ruhe zu wahren.

2. Ich beobachte die Leute um mich herum und studiere sie.
Nichts ist interessanter als das Leben selbst.

3. Ich lege mir die passenden Worte zurecht, wie ich der Verkäuferin freundlich sage, dass ihr Service mit einer weiteren geöffneten Kasse noch besser wäre.

Nun, dieses Spiel funktioniert nicht jedes Mal. Nichts im Leben klappt jedes Mal! Aber wenn wir es schaffen, auf diese Art und Weise der einen oder anderen Situation etwas Positives abzugewinnen, sind wir emotional schon viel reifer und lernen, uns nicht durch jede Kleinigkeit aus der Ruhe bringen zu lassen.

Es ist deine eigene Entscheidung, dieses Spiel einfach mal auszuprobieren.

Eine ähnliche Szene ereignete sich in einer unserer Trainingseinheiten. Fünf Spieler arbeiteten an neuen Techniken. Der jüngste von ihnen hatte große Probleme, die Bewegungen umzusetzen. Sein Frust wuchs, als er sah, dass die anderen vier Mitspieler viel schneller Fortschritte machten als er. Als er ein weiteres Mal seine Bewegung nicht erfolgreich abschließen konnte, war sein Ärger unübersehbar.

Ich nahm ihn zur Seite, blickte ihm in die Augen und sagte in ruhigem Ton: «Ich möchte nicht, dass du frustriert bist. Sieh mal, du bist viel jünger als alle anderen. Was ist das Gute daran, dass du die neuen Bewegungen noch nicht kannst?»

Er schaute mich zunächst fragend an, da er wohl mehr mit Kritik als mit solchen Worten gerechnet hatte. Dann kam er aber ganz schnell auf drei Antworten:

«Ich sehe, dass ich noch viel trainieren muss, um gut zu werden. Ich lerne, Geduld zu haben. Und ich freue mich umso mehr, wenn ich es am Ende geschafft habe.»

So kann jeder von uns den kleinen Ärgernissen des Alltags etwas Positives abgewinnen. Und damit seine innere Einstellung zum Positiven verändern.

✎ Stop & Reflect

Warum ist es deiner Meinung nach wichtig, sich durch kleine Ärgernisse nicht die Laune verderben zu lassen?

....

....

....

Was wirst du tun, wenn du das nächste Mal in eine solche Situation kommst?

....

....

....

Touch the Sky

«Was ist das Gute daran?» – Eine bewegende Geschichte

«Es ist nicht nobel, anderen Menschen überlegen zu sein.
Nobel ist: besser zu sein, als du selbst es gestern warst.»
– Asiatisches Sprichwort

Mein Name ist Dr. Ron Slaymaker aus Emporia, Kansas. Ich habe früh von meinen Eltern gelernt, das Gute im Leben zu suchen und mich auf das Positive zu konzentrieren. Für mich habe ich ein Spiel daraus entwickelt, das ich «Was ist das Gute daran?» nenne. Ich möchte euch erzählen, wie sehr es mein Leben und meine Einstellung beeinflusst hat.

Ich habe insgesamt 44 Jahre lang als Basketballtrainer und Lehrer gearbeitet. In diesem Zeitraum habe ich genau einen Arbeitstag aufgrund von Krankheit verpasst! Ich war nie beim Arzt! Ich musste nie zum Arzt, denn ich wollte nie krank sein. Glaubt mir: Wenn man nicht krank sein möchte, dann lässt man sich von kleineren Dingen wie Kopfweh oder Grippe auch nicht außer Gefecht setzen. Ich bin überzeugt davon, dass solche Krankheiten mental beeinflussbar sind, und ich habe mich immer geweigert, wegen Krankheit einen Tag meines schönen Lebens im Bett zu verbringen.

Ich war 59 Jahre alt, als meine Frau mich dazu drängte, zur Vorsorgeuntersuchung zu gehen.

Touch the Sky

«Warum sollte ich dorthin gehen? Schau mich an, Liebling! Ich bin kerngesund und war schon immer topfit», entgegnete ich.

«Ron, ich bestehe darauf», erwiderte meine Frau Shirley.
«Du bist fast sechzig Jahre alt, geh nicht zu nachlässig mit deinem kostbarsten Gut um!» Meine Frau drängte so lange, bis ich nachgab und mich dem körperlichen Check unterzog.

Ein paar Tage später war der Termin für die Nachbesprechung. Ich hetzte ins Büro meines Arztes, denn am selben Tag stand eine Auswärtsfahrt nach Florida mit meiner Mannschaft an. Als ich das Sprechzimmer betrat, war der Raum leer. Offen auf dem Schreibtisch lag ein großes Buch. Ich konnte die Seiten einsehen und las in großen Buchstaben «Prostatakrebs», gefolgt von zahllosen Zeichnungen. Auf einmal wurde mir ganz mulmig und unwohl zumute. Sollte das etwas zu bedeuten haben?

Zehn Minuten später hatte ich die unglaubliche Gewissheit:
Ich hatte Prostatakrebs!

Ich? Ich war noch nie krank gewesen, noch nie beim Arzt, wie konnte das nur passieren? Für mich brach eine Welt zusammen.

Mit jeder Menge Ratschläge und Vorgehensweisen verließ ich wenig später vollkommen benommen die Arztpraxis.

In dem Moment sprach meine innere positive Stimme zu mir: «Ron, du kannst nicht beeinflussen, was passiert, aber du kannst immer beeinflussen, wie du darauf reagierst! Was ist das Gute daran?»

Wild entschlossen und mit neuem Mut fuhr ich nach Hause. Eine halbe Stunde nach der schrecklichen Mitteilung meines Arztes saß ich alleine an meinem Schreibtisch vor einem großen, weißen Blatt Papier und mit einem Stift in der Hand bewaffnet.

«Was ist das Gute daran, dass du Prostatakrebs hast?», schrieb ich in großen Buchstaben auf den Zettel. Ich begann zu suchen. Zu suchen und zu finden! Wer sucht, der findet!
Ein Grund nach dem anderen wanderte auf mein Blatt Papier.

«Ich habe innerhalb von Sekunden gelernt, das Leben richtig zu schätzen.»

«Ich weiß nun, wie kostbar meine Zeit ist.»

«Ich lerne meine Familie und Freunde noch mehr zu lieben und zu schätzen.»

«Ich bin für jeden Tag auf diesem Planeten dankbar.»

Mit jedem der mehr als fünfzig Gründe merkte ich, wie in mir neues Selbstvertrauen wuchs. Meine Sitzhaltung wurde immer aufrechter und entschlossener! Die Energie in meinem Körper begann zu fließen, unbändige Entschlossenheit zeigte sich in meiner Mimik. Die Begeisterung für mein eigenes Leben war grenzenlos und es fühlte sich an, als würde sie gleich aus mir herausexplodieren! Meine Kampfeslust war geweckt!
Als letzten Punkt schrieb ich auf das Blatt:

«Ron, es ist Zeit, einen neuen Kampf zu beginnen und zu gewinnen!»

Und dann malte ich in großen Druckbuchstaben, mit aller Hingabe, mit allem Feingefühl und mit aller Sorgfalt eine persönliche Nachricht an den Krebs in meinem Körper:

«ICH WERDE DIR VOLL IN DEN HINTERN TRETEN!»

Ab diesem Moment wusste ich, dass der Krebs gegen mich keine Chance hatte! Das Spiel war schon vorbei und entschieden!
Ich musste es nur noch durchziehen!

Touch the Sky

Die nächsten Wochen und Monate waren richtig hart, unangenehm und qualvoll: Ich musste weibliche Hormone nehmen, die das Krebsgeschwür verkleinern sollten. Diese Hormone hatten sehr starke Nebenwirkungen, von denen Stimmungsschwankungen und Temperaturstörungen in meinem Körper noch die geringsten waren. Ich weigerte mich, meinen Mitmenschen etwas von meinen Qualen zu zeigen. Ich zwang mich zu Frohsinn, einer positiven Einstellung, Lachen und Einfühlsamkeit gegenüber den Menschen in meinem Umfeld. Jeder dachte, es ginge mir den Umständen entsprechend gut. Doch innerlich litt ich wie noch nie zuvor in meinem Leben.

Nach drei Monaten war das Krebsgeschwür jedoch so klein, dass ich operiert werden konnte. Es war eine sehr schwere und lange Operation, die sehr gut verlief. Allerdings war sie auch sehr teuer und ich musste sie selbst bezahlen.

Ihr fragt: «Was war denn das Gute daran?»
«Nun, ein Arzt hat mit nur einer Operation 30.000 $ verdient! Das Geld wird ihm in seinem Leben bestimmt geholfen haben.»
Manchmal muss man einfach positiv und scherzhaft an Dinge herangehen, um das Gute zu finden.

Ich war also zunächst auf dem Wege der Besserung, doch musste ich acht lange Jahre symptomfrei bleiben, um als geheilt zu gelten.

Dies war noch lange nicht alles: Zwei Monate nach meiner Operation erlitt meine Frau Shirley während eines Basketballspiels einen Herzanfall. Ich war beunruhigt und besorgt, als ich ihr ins Krankenhaus folgte – viel mehr, als bei meiner eigenen Erkrankung.

«Warum schon wieder wir?», fragte ich mich immer wieder. «Muss das Schicksal so hart zu uns sein? Wir haben doch gerade erst den Kampf unseres Lebens beendet!»

Gott sei Dank überlebte Shirley den Herzanfall! Ich danke Gott für alles, denn sie ist für mich der wichtigste Mensch auf dieser Welt.

Was war das Gute daran?
Seitdem ernährt sich Shirley viel gesünder und ausgewogener und hat auch das Rauchen aufgegeben. Beides sind Dinge, die ich ihr in fast 50 Jahren Ehe nie beibringen konnte! Jetzt hat meine Frau das Leben jedoch zu schätzen gelernt.

Doch dies war immer noch nicht das Ende aller Herausforderungen: Vier Monate nach diesem Vorfall bekam ich einen Anruf von meinem Sohn aus Kansas City. Sein sechs Monate alter Sohn, mein Enkel, war an plötzlichem Kindstod gestorben.

«Das darf doch nicht wahr sein», sagte ich mit Tränen in den Augen zu Shirley, als wir zu meinem Sohn aufbrachen.

Zwei Stunden später sah ich zum letzten Mal meinen kleinen Enkel. Und während ich laut heulend diesen kleinen, zarten, aber toten und kalten Kinderkörper in meinen Armen hielt, brach endgültig eine Welt für mich zusammen.
«Was ist das Gute daran?», sprach meine innere Stimme zu mir.
Doch ich konnte in diesem Augenblick nicht auf sie hören.
«Es gibt nichts Gutes daran, wenn mein Enkel stirbt!», schrie ich innerlich zurück.

Drei lange Monate vergingen, bis ich auch an diesem Ereignis etwas Gutes finden konnte, das mich schließlich meinen Seelenfrieden wiedererlangen ließ: Mein Sohn, selbst ein Arzt, hat sich nach diesem Vorfall spezialisiert und seitdem Tausenden kleinen Neugeborenen geholfen, nicht am Kindstod zu sterben. Er hat aus der eigenen schmerzvollen Erfahrung heraus unzählige Menschenleben gerettet!

Touch the Sky

Früher oder später wird das Leben jeden von uns mit Herausforderungen konfrontieren. Jeder muss sich ihnen stellen. Lerne so schnell wie möglich, ihnen mit einer positiven Einstellung entgegenzutreten. Das Leben ist zu kurz, um negativ zu sein.

– Dr. Ron Slaymaker
Kansas, USA
Kansas Basketball
Hall of Fame

✏ Stop & Reflect

Welche Rückschläge hast du in deinem Leben bereits erlitten?
Wie bist du damit umgegangen und was hast du daraus gelernt?

Motiviere andere

«Kräfte lassen sich nicht mitteilen, sondern nur wecken.»
– Georg Büchner

Es war einmal ein kleiner Junge, der den ganzen Tag mit all seiner Kraft auf eine laute Trommel einschlug und jede Sekunde davon sichtlich genoss. Nichts auf der Welt konnte ihn davon abhalten, obwohl es mehrere Leute versuchten.

Der erste Mann ging zu dem Jungen und erklärte ihm, dass er mit dem Getrommel auf Dauer sein Gehör schädigen würde. Der Junge aber war weder Wissenschaftler noch Lehrling und konnte die fortgeschrittenen Gedankengänge seines erwachsenen Gegenübers nicht nachvollziehen.

Ein anderer Mann erzählte ihm, dass Trommeln etwas ganz Besonderes sei, das man nur zu ausgewählten Anlässen machen solle. Ein dritter versuchte, den Nachbarn Ohrstöpsel zu verkaufen, und ein vierter schenkte dem Jungen ein Buch. Der fünfte wollte den Jungen zum Meditieren bewegen, um seine Aggressionen unter Kontrolle zu bekommen. Keiner der Versuche war erfolgreich, der Junge trommelte fleißig weiter.

Dann kam ein weiser Mann zu dem Jungen. Er gab ihm einen Hammer und einen Meißel und sagte: «Ich habe mich schon mein ganzes Leben lang gefragt, wie eine Trommel wohl im Inneren aussieht. Bring mir etwas bei und lass es uns gemeinsam herausfinden!»

Touch the Sky

Von der Sekunde an gab es keine Probleme mehr!

Effektive Führungspersönlichkeiten wissen, wie man andere Menschen motiviert. Sie stacheln ihre Wissbegierde an und kitzeln ihre Neugierde! Sie erlauben ihnen zu träumen und ermutigen sie, Ziele zu verfolgen, die sie sich selbst nie zugetraut hätten. Sie fordern ihre Mitmenschen auf, Teil von etwas Großem zu sein, zum Beispiel Teil eines Teams, in dem man mehr erreichen kann als allein.

Jim Rohn hat einmal gesagt: «Sorgfältig gewählte Worte verpackt in wohl dosierte Emotionen sind die Grundlage, um Menschen tief in ihrem Inneren erreichen zu können.»

Wer das schafft, kann anderen helfen, ihre kühnsten Träume zu erfüllen.

– Steve Goodier
www.lifesupportsystems.com

✏ Stop & Reflect

Stell dir vor, du möchtest jemand anderem etwas beibringen, deiner Schwester oder deinem Bruder zum Beispiel!
Wie würdest du vorgehen?

Der Weihnachtsmann

*«Wenn du genügend Menschen hilfst, das zu bekommen,
was sie bekommen wollen, dann wirst du alles bekommen,
was du bekommen willst!»*
– Zig Ziglar

«Es gibt drei Arten von Menschen auf dieser Erde:

- diejenigen, die an den Weihnachtsmann glauben,

- diejenigen, die nicht an den Weihnachtsmann glauben,

- und diejenigen, die der Weihnachtsmann sind.

Als Trainer, Lehrer oder Pädagoge sind wir täglich der Weihnachtsmann.»

Mit diesen Worten begann der 74-jährige amerikanische Basketballcoach Dr. Ron Slaymaker, mein langjähriger Freund und Mentor, seine Ansprache an alle Trainer und Betreuer zu Beginn unserer Basketball-Sommercamps.

Treffender hätte man die Rolle eines Jugendtrainers, Lehrers oder Pädagogen nicht beschreiben können. Während im professionellen Sport – sind wir ehrlich – letztendlich nur das Gewinnen zählt und dich zu einem guten oder schlechten Trainer macht, sollte es im Jugendbereich für einen Trainer ganz andere Prioritäten geben.

In einer Zeit, in der Jugendliche immer weniger Führung und Vorbilder von zu Hause bekommen, steht man als Lehrer oder Trainer in einer besonders privilegierten Position mit viel Verantwortung.

In meiner bisherigen Trainertätigkeit bin ich zu einer beängstigenden Erkenntnis gekommen:

Der Trainer ist das entscheidende Element im Raum.

Er entscheidet, ob für einen Spieler die Sonne scheint oder dunkle Wolken am Himmel heraufziehen.

Er bestimmt, ob zwischenmenschlich ein unvergesslicher, warmer Sommer oder ein eisiger Winter herrscht.

Er kann dafür sorgen, dass ein Spieler am Ende der Trainingseinheit voller Selbstvertrauen und Enthusiasmus aus der Halle stürmt oder sich total wert- und nutzlos vorkommt.

Er kann Helden oder Versager erschaffen.

Er kann das Beste aus einem Spieler machen, indem er ihn besser sieht, als sich der Spieler gegenwärtig selbst wahrnimmt.

Er kann das persönliche Vorbild für einen Spieler werden. Ein Vorbild im Alltagsleben, nicht irgendein Rock- oder Sportstar aus dem Fernsehen.

Der durchschnittliche Trainer erzählt.
Der gute Trainer erklärt.
Der überdurchschnittliche Trainer demonstriert.
Der außergewöhnliche Trainer inspiriert.

Ich habe mir oft die Frage gestellt, was am Ende eines Lebens wirklich zählt:

Pokale sind schön.
Meisterschaften sind toll.
Dein Gesicht in der Zeitung ist wunderbar.
Geld ist für jeden Menschen wichtig.

Doch am Ende deines Lebens gilt nur eins:
Hast du einen positiven Unterschied im Leben anderer gemacht?

✏ Stop & Reflect

Für folgende Menschen bin ich ab jetzt der «Weihnachtsmann»:

....

....

....

Das Leben ist wie ein Echo

«Ändere nicht die Welt, ändere dich selbst.»
– Unbekannt

Ein Vater war mit seinem kleinen Sohn auf einer Bergtour im Gebirge unterwegs. Der Gipfelanstieg führte über einen unwegsamen, schmalen und steinigen Pfad. In einer Sekunde der Unachtsamkeit stolperte der Sohn plötzlich, knickte mit dem Fuß um und schrie «Aaahhhhhhhhh!!!!»

Zu seiner Überraschung hörte er eine Stimme irgendwo in den Bergen, die ebenfalls «Aaahhhhhhhhh!!!!» schrie.

Völlig überrascht und verwundert rief der kleine Junge: «Hey, wer bist du denn?»

«Hey, wer bist du denn?», erhielt er sofort als Antwort zurück.

Sauer über diese Antwort brüllte er lauthals: «Blödmann!»

«Blödmann!», schallte es zurück.

Der kleine Junge schaute seinen Vater mit großen Augen an und fragte: «Was ist denn hier los, Papa?»

Der Vater lächelte seinen Sohn liebevoll an und sagte:
«Mein Sohn, pass gut auf, was jetzt passiert.»
Dann rief er: «Ich bewundere dich!»

«Ich bewundere dich!», antwortete die geheimnisvolle Stimme.

«Ich bin der Beste!», rief der Vater.

«Ich bin der Beste!», kam es unverzüglich zurück.

Der Junge war völlig überrascht, verstand aber noch immer nicht, was hier vor sich ging.

Sein Vater erklärte ihm: «Die Menschen nennen dies Echo, aber in Wirklichkeit ist es das wahre Leben. Du bekommst von deinem Leben all das zurück, was du täglich sagst und tust. Dein Leben ist ganz einfach das Ergebnis deiner bisherigen Taten und Handlungen. Wenn du ehrliche Freunde haben möchtest, musst du ehrlich sein und darfst nicht lügen. Möchtest du erfolgreiche Menschen um dich haben, musst du selbst erfolgreich sein. Wenn du intelligente Freunde haben willst, sei besser selbst ein intelligenter Junge.»

Er fuhr fort: «Merke dir dies, mein Sohn, das gilt für alle Bereiche des Lebens: Es wird dir immer das zurückgeben, was du ihm gegeben hast, positiv wie negativ. Deswegen sei ein durchweg positiver, ehrlicher und vertrauensvoller Mensch. Du wirst nicht glauben, wie sich deine persönliche Umwelt zu deinem Vorteil verändert.»

Mit einem Lächeln hielt er seinem immer noch auf dem Boden liegenden Sohn seinen ausgestreckten Arm entgegen:
«Geht's wieder?»

«Klar, Papa», antwortete der Sohn, ergriff die ausgestreckte Hand und fragte: «Hab ich dir heute eigentlich schon gesagt, dass ich dich lieb habe?»

– Tom Hughes
Tom arbeitet als Lehrer und Basketballtrainer
an einer Highschool in Georgia/USA

✏️ Stop & Reflect

Was haben das Echo in den Bergen und das Leben gemeinsam?

....

....

....

Was bedeutet das für dich?

....

....

....

Touch the Sky

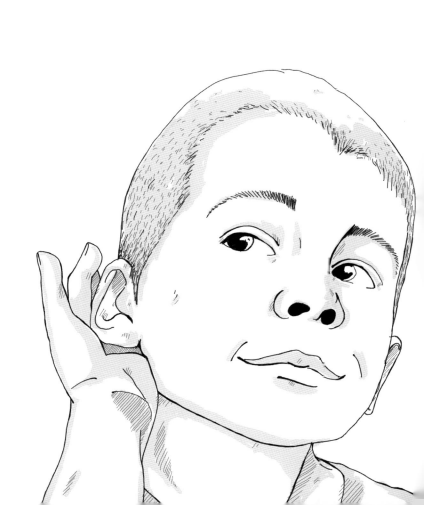

Setz dir Ziele – und lass dich durch nichts von deinem Weg abbringen

«Unsere größten Erfolge kommen nach unseren größten Enttäuschungen.»
– Henry Ward Beecher

Beim Sichtungsturnier für die Landesauswahl – immer ein großes Ereignis für alle Teilnehmer – sah ich zum ersten Mal einen Jungen, der mir später noch häufiger begegnen sollte.

Er war in der gegnerischen Mannschaft und dirigierte dort den Spielaufbau. Jedoch war er nicht nur zwei Jahre jünger als seine älteren Konkurrenten, sondern diesen auch körperlich deutlich unterlegen. Meine Mannschaft nutzte diese Schwäche gnadenlos aus und ließ ihn in der Spielgestaltung nie zur Entfaltung kommen. Sie zwangen ihn zu übermäßig vielen Fehlern und verweigertem ihm und seinen Mitspielern jegliches Erfolgserlebnis.

Für jeden Einzelnen unserer jungen Gegner war es ein absolut frustrierendes Erlebnis, zu sehr waren sie spielerisch in allen Belangen unterlegen. Viele Kinder würden nach so einem Spiel zu ihren Eltern gehen und sagen: «Mir reicht es, das macht keinen Spaß. Wir haben sowieso nie eine Chance.»

Und diese Gedanken sah man den meisten unserer Gegner auch noch lange nach Spielende an.

Nur dieser eine Junge des gegnerischen Teams reagierte anders. Das Spiel war noch keine fünf Minuten vorbei, als er schon wieder strahlend mit seinen Freunden an einem Seitenkorb spielte.

Touch the Sky

Er spielte für seinen Traum – den Traum vom Basketballprofi.

Nach einem Negativerlebnis von solcher Deutlichkeit brauchte er nur wenige Minuten, um wieder nach vorn zu blicken. Während alle anderen des gegnerischen Teams noch frustriert das Spiel analysierten, trainierte er schon wieder für seinen Traum, ganz nach oben zu kommen.

Ein halbes Jahr später zog ich als Trainer nach Bamberg, denn ich war für die Ausbildung des Nachwuchses unserer Bundesligamannschaft verantwortlich. Für die jungen Spieler bedeutet diese Ausbildung vor allem viel Training, und das schon morgens vor der Schule.

Am ersten Tag ging ich in die Sporthalle, um dort mit einigen Spielern die erste Trainingseinheit zu absolvieren.

Und da stand er, gerade zwölf Jahre alt, drei Jahre jünger und mindestens zwei Köpfe kleiner als alle anderen. Keiner hatte gesagt, dass er kommen muss. Keiner hatte ihn eingeladen. Keiner hatte mit ihm gerechnet. Und doch war er da. Aus freien Stücken, es war seine eigene Entscheidung.

«Coach, kann ich hier auch mittrainieren?», fragte er mich ohne Hemmungen. Morgens um 6.30 Uhr – jeder kann sich meine Antwort denken.

In den folgenden Jahren wurde er von den Talentspähern nicht viel beachtet und er schaffte es nie in eine Auswahlmannschaft. Andere Spieler seiner Altersklasse standen schon im nationalen Blickpunkt, erhielten die Aufmerksamkeit, die Lobeshymnen, die öffentliche Beachtung, die Zeitungsartikel und die Fernsehberichte. Doch er hatte etwas, das viel größer war als bei den meisten Konkurrenten – Herz und Willensstärke.

Er trainierte Tag für Tag eisern in der Halle – ohne öffentliche Beachtung. Und er machte täglich einen Schritt nach vorn.

In der letzten Saison aber war es genau dieser Junge, der unser unumstrittener Anführer bei den nationalen Jugendmeisterschaften war. Mit 15 Jahren unser Kapitän, Regisseur und Wortführer. Immer darauf bedacht, durch eigene Perfektion seine Mitspieler besser zu machen und so auch selbst viel besser zu werden.

Im Spiel gegen den späteren Deutschen Meister erzielte er 32 Punkte. Er war der überragende Akteur auf dem Feld, und die Talentspäher nahmen ihn ungläubig das erste Mal wahr. Dies war sein erster Schritt nach oben, zu größeren Erfolgen.

Der Name dieses besonderen jungen Mannes ist Fabian Brütting. Fabian wird ganz bestimmt immer erfolgreich sein im Leben, weil er mit der richtigen Einstellung an die Dinge herangeht. Sich nicht durch Rückschläge und Misserfolge von seiner Linie abbringen lässt. Und auch in schwierigen Zeiten sein Ziel klar vor Augen hat.

Der Weg nach oben ist hart, doch mit starkem Willen und Beharrlichkeit ist kein Berg zu steil, kein Weg zu lang und kein Ziel unerreichbar.

Finde ein persönliches Ziel, das so motivierend, so begeisternd, so erstrebenswert und erfüllend für dich ist, dass es dich den ganzen langen Tag auf den Beinen hält, dich erst spät zu Bett gehen lässt – und dich früh am Morgen vor allen anderen wieder aus den Federn treibt.

✏️ Stop & Reflect

Wofür kämpfst du in deinem Leben?

....

....

....

Was tust du dafür?

....

....

....

Und warum lohnt sich die Anstrengung für dich?

....

....

....

Der Weg ist das Ziel

*«Gib einem Menschen einen Fisch
und er wird einen Tag überleben.
Bringe ihm das Fischen bei
und er wird noch lange leben.»
– Unbekannt*

In der siebten Klasse hatte ich eine Deutschlehrerin, deren Erscheinungsbild mir heute noch sehr lebhaft vor Augen steht. Sie war immer modisch angezogen, sehr gepflegt und perfekt gestylt. Die Lehrerin mochte mich, das merkte ich von der ersten Stunde an. Ich fühlte mich in ihrem Unterricht sehr wohl. Nach ein paar Wochen stand die erste schriftliche Prüfung an. Wir mussten einen Aufsatz schreiben, der mindestens fünf Seiten lang sein sollte. Was für eine Herausforderung!

In der letzten Stunde vor der Schulaufgabe machte sie uns ein Angebot: Drei Schüler durften ihr eine Wette vorschlagen. Wenn sie die Wette gewinnen, würden sie von Frau Meier, so hieß die Lehrerin, als Belohnung eine große Tüte Gummibärchen bekommen. Ich war einer der Schüler, die aufgerufen wurden, um ihr ein Angebot zu unterbreiten.

Stolz sagte ich: «Ich wette, dass ich in dem Aufsatz nicht mehr als dreimal ‹das› und ‹dass› verwechsle.»

Sehr zu meiner Überraschung nahm Frau Meier meine Wette an. «Schon gewonnen», sagte ich siegesgewiss zu mir selbst. «Das kann nicht schiefgehen.»

Touch the Sky

Am nächsten Tag schrieben wir also den Aufsatz. Schon bei der Abgabe war ich mir sicher, die Wette gewonnen zu haben. Peinlichst genau hatte ich darauf geachtet, möglichst wenige Formulierungen zu benutzen, bei denen ich mir nicht sicher war, ob ich «das» oder «dass» schreiben musste.

Die Wette war gewonnen. Gummibärchen und vor allem die Anerkennung meiner Mitschüler waren mir gewiss! Dachte ich ...

Es kam der Tag, an dem Frau Meier uns den korrigierten Aufsatz zurückgeben wollte. Sie saß gemütlich an ihrem Pult und begutachtete noch einmal die drei Wettaufsätze. Meiner war der erste. Ihr prüfender Blick flog erneut über die von mir beschriebenen Blätter. «Ich zähle eins …, zwei …, drei Rechtschreibfehler bei den Wörtern ‹das› und ‹dass›.» Dann schaute sie mich direkt an: «Gratuliere, du hast deine Wette gewonnen.»

Mit stolzgeschwellter Brust ging ich nach vorne zu ihrem Pult, um mir den Aufsatz und vor allem die Gummibärchen abzuholen. Triumphierend blickte ich meine Mitschüler an, als ich mich zurück zu meinem Tisch begab. Mich interessierte nur nebenbei, welche Note ich auf meinen Aufsatz bekommen hatte. Hauptsache, die Wette war gewonnen. Die beiden anderen Mitschüler hatten zudem ihre Wetten verloren, also war ich der einzige, der seine gewonnen hatte. Ich fühlte mich wie ein König!

Als ich am Nachmittag nach Hause kam, führte mein erster Weg zu meinem Schreibtisch. Dort holte ich die Gummibärchen und den Aufsatz aus meinem Schulranzen. Genüsslich las ich alles noch einmal durch – von Anfang bis Ende. Ich genoss den Triumph in vollen Zügen.

Ja, es stimmte tatsächlich, da war der erste «das»-«dass»-Fehler, was für eine Unaufmerksamkeit von mir!

Ach, und da war der zweite Fehler – das hätte ich doch eigentlich wissen müssen!

Und hier auch noch ein dritter Fehler. Wie konnte mir das nur passieren?

Ich war fast am Ende des Aufsatzes angelangt, als ich plötzlich einen Schock bekam. Im letzten Absatz hatte ich noch einmal «das» und «dass» verwechselt. Ich bemerkte es auf einmal selber. Der vierte Fehler! Frau Meier musste ihn übersehen haben.

Am nächsten Morgen ging ich vor Schulbeginn mit dem Aufsatz und den Gummibärchen zum Lehrerzimmer und bat unsicher um ein Gespräch mit meiner Deutschlehrerin.

«Ich möchte Ihnen Ihre Tüte Gummibärchen wiedergeben, denn ich habe sie nicht verdient. Ich habe vier Fehler gemacht. Sie haben einen übersehen.»

Ich zeigte ihr meine Schulaufgabe. Frau Meier blickte auf das Blatt und reagierte überrascht: «Oh, das habe ich wirklich übersehen.»
Sie schaute mich an und sagte: «Mein Fehler, das kann passieren. Deswegen behalte die Gummibärchen ruhig.»

In diesem Moment war ich mir absolut sicher, in Frau Meiers Gesicht zu sehen, dass sie den Fehler nicht übersehen hatte. Sie hatte ihn bemerkt, wollte ihn aber nicht markieren, um mir die Enttäuschung über die verlorene Wette zu ersparen. Sie wollte mir die Niederlage ersparen. Ich spürte es und sah es ihr an.

Ich wusste in diesem jungen Alter nicht, wie ich reagieren sollte. «Gut», meinte ich bloß, «vielen Dank!» und ging davon.

Am Nachmittag saß ich in meinem Zimmer am Schreibtisch, als mein kleiner Bruder ungebeten hereinkam.

Touch the Sky

«Schau her, Kleiner», sagte ich zu ihm, «ich schenke dir eine Tüte Gummibärchen. Lass sie dir schmecken.»

Ich wollte diese Gummibärchen nicht.

Warum nicht?

Weil ich sie nicht verdient hatte! Ich war eine Wette eingegangen und hatte die Wette verloren, dessen war ich mir bewusst. Die Anerkennung, die ich vor der Klasse von der Lehrerin erhalten hatte, war für mich auf einmal wertlos geworden, weil sie nicht gerechtfertigt war. Frau Meier wollte mir einen Gefallen tun und ließ mich die Wette gewinnen. Sie wies mir den leichteren Weg.

Wahrscheinlich hätte sie mir auf lange Sicht einen viel größeren Gefallen getan, wenn sie vor allen zu mir gesagt hätte: «Tut mir leid, Christian. Leider hast du einen Fehler zu viel gemacht. Streng dich nächstes Mal etwas mehr an, arbeite etwas härter und konzentrierter, dann wirst du die nächste Wette gegen mich gewinnen.»

Eins weiß ich ganz sicher – ich hätte mich mehr angestrengt, so lange, bis ich eine Wette gegen sie auf ehrlichem Wege gewonnen hätte.

Nicht das Ziel ist das Ziel, sondern der erfolgreiche Weg dorthin. Er gibt dir die innere Zufriedenheit und die Sicherheit, das Gefühl des Triumphes wirklich verdient zu haben!

✏️ Stop & Reflect

Bist du selbst auch schon einmal in eine ähnliche Situation geraten? Wie hast du reagiert, und würdest du dich heute anders verhalten?

....

....

....

Wenn ja, warum?

....

....

....

Touch the Sky

Überwinde deine bisherigen Grenzen

«Die Schlachten des Lebens gewinnen nicht immer die stärksten,
schnellsten oder klügsten Leute.
Aber früher oder später werden immer die gewinnen,
die sich sicher sind, gewinnen zu können.»
– Brian Tracy

Im Sport ist es das Wichtigste, an die eigene Stärke zu glauben. Sich sicher zu sein, dass man den Gegner schlagen kann. Jeden Gegner zu respektieren, aber vor keinem Gegner Angst zu haben. Wenn man meint, besiegt zu sein, dann ist man es. Wenn man sich weigert, besiegt zu sein, dann ist man es nicht. Wenn man gerne gewinnen möchte, aber innerlich nicht an einen Sieg glaubt, dann ist es fast sicher, dass man nicht gewinnen wird.

Ich bin überzeugt davon, dass der Erfolg im Kopf eines Menschen beginnt. Es ist eine Frage der persönlichen Einstellung. Je früher man das versteht, desto besser.

Mich hat dies ein Erlebnis in meiner Kindheit gelehrt.

Ich war gerade zwölf Jahre alt und hatte meinem Vater leichtsinnig versprochen, in den Sommerferien eine große Fahrradtour mit ihm zu machen. Wir lebten damals im Saarland, circa 50 km von der französischen Grenze entfernt. Mein Vater, der schon immer ein begeisterter Radfahrer gewesen war, schmiedete große Pläne. In den Sommerferien wollte er mit mir innerhalb von gut zwei Wochen mit dem Rad quer durch ganz Frankreich fahren. Querfeldein bis in die Hauptstadt Paris.

Touch the Sky

Von dort aus weiter durch die ländlichen Regionen bis in die Bretagne und an den Atlantik. Insgesamt eine Strecke von über 1500 Kilometern. Ein hochgestecktes Ziel für solch einen kurzen Zeitraum.

Je näher der Tag der Abreise kam, desto mulmiger wurde mir bei dem Gedanken an diese riesige Tour, an die große Entfernung und an die ganzen Unsicherheiten, die auf mich warteten. Noch nie war ich so lange alleine mit meinem Vater in einem fremden Land gewesen. Außerdem hatte ich bis dahin längstens einen halben Tag am Stück auf meinem Fahrrad gesessen.
Ich würde meine Mutter vermissen. Ich würde es nicht schaffen. Ich war zu schwach und zu klein dafür. Ich hatte Angst! Pure Angst! Zweifel über Zweifel überkamen mich, die Bauchschmerzen wurden immer stärker und am Tag vor der Abreise war für mich klar: Ich wollte diese Tour unter keinen Umständen machen. Niemals! Und niemand würde mich vom Gegenteil überzeugen! Ich war plötzlich ganz krank!

Ich ging zu meinen Eltern und erzählte ihnen von meiner Entscheidung. Sie schauten mich zunächst entgeistert an und versuchten, in behutsamen Gesprächen auf mich einzugehen.

«Du solltest dich der Herausforderung stellen», sagten sie. «Wir sind uns sicher, dass du es schaffen und eine wunderbare Zeit haben wirst.»

Meine Zweifel konnten sie aber nicht zerstreuen, zu groß war die Ungewissheit für mich. Die Tour wurde für mich in diesen Momenten zur «Tour der Schrecken».

Schließlich kam der Tag der Abreise und nur schwer konnte ich mich von meiner Mutter und meinem Bruder trennen.
Nun begann sie, unsere «Tour de France»!

Der erste Tag war hart. Von Heimweh geplagt wollte sich meine Laune nicht so recht bessern, doch als wir erst einmal die Landesgren-

ze passiert hatten und ich Stunde für Stunde tausend neue Eindrü-
cke und Erfahrungen sammelte, waren alle Schmerzen ganz schnell
verschwunden. Mein Vater und ich eroberten Frankreich mit dem
Fahrrad!

Wir fuhren auf kleinen Landstraßen und schmalen, idyllischen Wegen.
Fernab vom großen Autoverkehr, durch die schönsten Landschaften
Frankreichs. «Unglaublich, wie schön die Welt ist», dachte ich mir im-
mer wieder.

Mein Vater führte mich mit sicherer Hand durch das fremde Land.
Jeden Morgen begaben wir uns auf eine spannende Etappe, auf der
unzählige Herausforderungen und Begebenheiten auf uns warteten.
Und dabei immer unser erstes großes Etappenziel vor Augen – die
Hauptstadt Paris.

Nach einer Woche erreichten wir unser Zwischenziel. Es war ein
unglaubliches Gefühl, mit meinem Fahrrad auf den großen, breiten,
achtspurigen Straßen durch die französische Metropole zu fahren. Dank
meines Vaters, der mir stets den Rücken frei hielt und mir den Weg wies,
hatte ich Paris mit dem Fahrrad erreicht. Ich fühlte mich wie ein König.

In Paris legten wir einen zweitägigen Zwischenstopp ein, verbrachten die Tage mit Freunden und fuhren dann auf direktem Weg weiter
in die Bretagne. In diesen zwei Wochen erlebte ich viele tolle Dinge,
die ich für den Rest meines Lebens in Erinnerung behalten werde.
Unglaubliche Landschaftseindrücke, unzählige Sehenswürdigkeiten,
wunderschöne Tiere. Jeden Tag lernten wir neue Menschen kennen,
erlebten deren Freundlichkeit und sahen ihre Begeisterung, wenn wir
ihnen von unserer Tour erzählten. Jeden Abend fiel ich todmüde, aber
glücklich ins Bett, und wusste, dass wir unserem Ziel wieder ein Stück
näher gekommen waren.

Im Schnitt legten wir am Tag gute 100 Kilometer zurück. Davon waren
manche Etappen leichter und andere schwerer.

Touch the Sky

Als wir zum Beispiel nach Rennes fuhren, hatte ich einen ziemlichen Tiefpunkt, denn die lange Strecke galt es auf einer monotonen Fernstraße zu bewältigen.

Die Straße führte schnurgerade durch eine unendlich weite Landschaftsebene. Keine Abbiegungen und Kurven, keine Berge, keine Abfahrten! Egal, wie lange wir fuhren, die zweispurige, monotone Straße wollte einfach kein Ende nehmen. Nichts war in Sicht, kein Dorf und keine Stadt. Vor uns nur Straße und nochmals Straße.

«Papa, ich kann nicht mehr», sagte ich mehrmals auf diesem etwa 50 Kilometer langen Abschnitt, der mir wie eine Ewigkeit vorkam. «Komm, wir schaffen das», antwortete mein Vater immer wieder. «Nur noch fünf Kilometer.»
Das entsprach natürlich nicht ganz der Wahrheit, doch an diesem Nachmittag lernte ich, über meine eigenen Grenzen zu gehen und aus eigenem Antrieb unvorstellbare Ziele zu erreichen. Als der Abend hereinbrach, überwog der unglaubliche Stolz, es geschafft zu haben.

Nach einigen weiteren Tagen war es endlich so weit – wir erreichten unser Ziel, den westlichsten Zipfel Frankreichs. Nie werde ich diesen Augenblick vergessen. Wir fuhren auf einer kleinen, kurvigen Straße.

«Gleich müssen wir da sein und das Meer sehen», sagte mein Vater schon seit Stunden. Es wurde Abend, die Sonne war bereit, unterzugehen. Ich fuhr immer schneller und schneller, denn ich wollte endlich ans Ziel!
Eine letzte Biegung, und auf einmal war es zu sehen – der große, weite, unendlich schöne Atlantik! Wir fuhren von der Straße direkt auf eine riesige Klippe zu. Bis kurz vor den Abgrund ließen wir uns rollen. Und da lag er vor uns, der Atlantik, tiefblau und mächtig. Wir hatten endlich unser Ziel erreicht!
Uns bot sich ein unvergesslicher Anblick. Direkt am Horizont ging gerade die Sonne über dem Meer unter und leuchtete tiefrot. Das Wasser rauschte und glänzte in tausend verschiedenen Farben.

Die Vögel zwitscherten lebhaft, als wollten sie sich noch rechtzeitig vor Einbruch der Dunkelheit «Gute Nacht» wünschen.

Unsere Schatten ragten meterlang über den orangegefärbten Boden und die Heuschrecken zirpten im Gras. Für diesen Moment hatten wir zwei Wochen gearbeitet!

Überwältigt standen wir da und schauten schweigend auf die unermesslichen Weiten des Ozeans hinaus. Die Minuten vergingen und die Sonne war schon fast ganz untergegangen, als mein Vater seinen Arm um mich legte und sagte: «Wir sind am Ziel unserer Reise. Was für ein wunderschöner Anblick. Ich habe seit über einem Jahr davon geträumt, das mit dir erleben zu dürfen.»

«Echt cool. Wahnsinn, dass wir diese Tour gemacht haben, Papa.»

Zwei Tage verweilten wir an der Atlantikküste, ehe wir mit dem Zug wieder zurück nach Deutschland fuhren. Eins hatte ich nun gelernt: Nur die eigene Vorstellungskraft ist die Grenze im Leben! Wenn man etwas schaffen möchte, kann man es schaffen.

Setz dir hohe Ziele, um nach oben zu kommen. Du musst dir sicher sein, dass du Dinge erreichen kannst, bevor du sie erreichen wirst.

Touch the Sky

✏️ Stop & Reflect

Was ist entscheidend, um die eigenen Ziele zu verwirklichen und Grenzen zu überwinden?

....

....

....

Bei welcher Gelegenheit bist du erstmals über deine Grenzen hinausgegangen und wie hat es sich angefühlt?

....

....

....

Wie wertvoll bist du für dein Team?

«Jeder Tag hat 86.400 Sekunden.
Es liegt an dir, wie du sie nutzt.»
– Unbekannt

Ein Vater hatte drei Söhne, die alle für denselben Chef in einem sehr großen Obst- und Gemüsemarkt arbeiteten. Dieser Markt war einer der größten Umschlagplätze der Welt. Anbieter aus allen Kontinenten brachten ihre Ware täglich frühmorgens dorthin, um sie dann an Kleinhändler, Gastronomen und Supermärkte weiterzuverkaufen.

Eines Tages ging der Vater der Söhne zum Firmenchef.
Die beiden kannten sich schon seit Jahren.

«Meine drei Söhne arbeiten jetzt seit längerer Zeit für dich. Ich bin dir sehr dankbar, dass du sie angestellt hast und ihnen die Chance gibst, sich persönlich zu entwickeln. Das hier ist ein sehr begehrter Arbeitsplatz. Sie lernen hier eine Menge für ihr zukünftiges Leben. Aber erkläre mir doch bitte mal eine Sache: Warum zahlst du dem einen 500 Euro im Monat, dem anderen 750 Euro und dem dritten 1000 Euro?»

Der Chef lehnte sich langsam in seinem großen Sessel zurück, schaute den Vater lächelnd, aber bestimmt an. Für einen Moment war es ganz still im Raum.

Dann sagte er: «Vielleicht kann ich dir das schon in den nächsten Minuten erklären. Hast du ein bisschen Zeit mitgebracht?»

«Ich habe Zeit genug», erwiderte der Vater.

Touch the Sky

«Sehr gut. Dann mach es dir bequem. Es kann natürlich auch sein, dass du den ganzen Tag hier bleiben musst, wenn du eine Antwort auf deine Frage haben möchtest.»

Nach ein paar Minuten und einer Nachricht seiner Sekretärin nahm der Chef sein Telefon in die Hand und rief den Jungen an, der 500 Euro bekam.

Er sagte zu ihm: «Gerade ist ein großer Laster mit Anhänger in Tor 28 eingefahren. Kannst du bitte hingehen und herausfinden, welche Ladung er an Bord hat?»

Es dauerte keine drei Minuten und der junge Mann rief zurück: «Ich musste noch nicht einmal zu Tor 28 gehen, um die Information zu bekommen, denn ich rief dort einen Kollegen an. Der Laster hat 100 Paletten Bananen geladen.»

«Danke», erwiderte der Chef.

Er rief den nächsten der drei Söhne an, den mit 750 Euro Gehalt im Monat.

«Gerade ist ein großer Laster mit Anhänger in Tor 28 eingefahren. Kannst du bitte hingehen und prüfen, welche Ladung er an Bord hat, und es mir sagen, sobald du Zeit dafür hast?»

Ungefähr zehn Minuten später klingelte das Telefon und der Junge sagte: «Chef, ich war gerade unten an Tor 28. Der Laster hat 100 Paletten Bananen an Bord.»

Schließlich rief er den Dritten der drei Söhne an. «Ein Laster ist gerade in Tor 28 eingefahren», sagte der Chef und bat um dieselbe Information.

Eine halbe Stunde später kam der Junge in das Büro des Chefs und sprach völlig außer Atem: «Chef, der LKW hatte 100 Paletten Bananen an Bord. Ich habe einen Kistenpreis von fünf Euro ausgehandelt und sie alle gekauft. 50 Paletten habe ich sofort an sechs unserer Groß-kunden weiterverkauft, jede Kiste für neun Euro, 30 Paletten für den freien Verkauf freigegeben. Sie werden wohl innerhalb einer Stunde vergriffen sein.

20 Paletten sind ins Kühllager gewandert, damit die Bananen noch ein paar Tage reifen können. Sie waren noch etwas zu grün für den Verkauf. Wir hätten keinen guten Preis erzielt.

Außerdem hatte der LKW noch 150 Kisten Nektarinen geladen, die ich erst bei genauerem Hinsehen entdeckt habe. Ich weiß, dass wir genü-gend Nektarinen haben. Aber ich habe einen Kunden angerufen, der genau diese Sorte wollte und habe die Nektarinen an ihn weiterver-kauft. Daraus haben wir einen Reingewinn von fast 1250 Euro erzielt.»

Nach einer kurzen Atempause sprach er weiter: «Zudem fand ich in der hintersten Ecke noch 500 hochwertige Ananas, und da ich weiß, dass Sie Ananas immer gerne auf Lager haben, habe ich sie für 20 Minuten reservieren lassen und erklärt, dass ich mit Ihnen Rück-sprache halte und dann gleich Bescheid gebe, ob wir sie nehmen.»

«Ja natürlich, wir nehmen sie», sagte der Chef und blickte den Jungen an: «Danke für diese vorzügliche Arbeit. Es ist wunderbar, wie ich mich immer hundertprozentig auf dich verlassen kann. Du bist mir eine sehr große Hilfe!»

Der Junge verließ den Raum und der Chef wandte sich dem Vater zu.

«Weißt du jetzt, warum deine drei Söhne unterschiedliche Gehälter bekommen?»

«Ja», antwortete der Vater. «Und ich bin nur teilweise erfreut über das, was ich gesehen habe.

Einer meiner Söhne hat nicht einmal deine Anweisung ausgeführt, der andere hat nur Dienst nach Vorschrift gemacht. Aber der dritte hat sein Bestes gegeben und mit großem Engagement alles für deine Firma getan.»

– Frei nacherzählt aus dem Englischen
Urheber unbekannt

🖊 Stop & Reflect

Welche Botschaft liest du in dieser Geschichte?

....

....

....

Inwiefern hat sich deine Arbeitseinstellung dadurch verändert?

....

....

....

Dein Eimer voller Selbstvertrauen

«Das Leben ist ein Spiegel, der dem Beobachter das widerspiegelt,
was er hineindenkt.»
– Ernest Holmes

Jeder Mensch besitzt einen unsichtbaren Eimer. Dieser Eimer heißt Selbstvertrauen. Abhängig davon, was andere zu uns sagen oder tun, wird dieser Eimer ständig gefüllt oder geleert. Wenn unser Eimer voll ist, fühlen wir uns großartig und voller Energie. Wenn er leer ist, fühlen wir uns schlecht und ohne Selbstvertrauen.

Jeder Mensch besitzt gleichzeitig einen unsichtbaren Schöpflöffel. Wenn wir diesen Schöpflöffel benutzen, um die Eimer anderer Menschen zu füllen – indem wir Dinge sagen oder tun, die ihre positiven Emotionen unterstützen – dann füllen wir gleichzeitig unseren eigenen Eimer. Wenn wir aber diesen Schöpflöffel benutzen, um die Eimer anderer zu leeren – indem wir Dinge sagen oder tun, die ihnen positive Emotionen rauben – setzen wir auch uns selbst herab.

Wie ein Glas, das bis zum Rand gefüllt ist, gibt uns ein voller Eimer Zuversicht, Optimismus, Energie und das Selbstvertrauen, das wir brauchen, um neue Herausforderungen bewältigen zu können. Jeder Tropfen in unseren Eimer macht uns stärker und optimistischer.

Ein leerer Eimer sorgt dafür, dass wir pessimistisch in die Zukunft blicken, uns Energie geraubt wird und unser Wille geschwächt ist. Darum tut es uns jedes Mal weh, wenn jemand unseren Eimer leer schöpft.

Jeden Tag müssen wir unzählige Male eine Entscheidung treffen: Wir können die Eimer unserer Mitmenschen füllen oder leeren. Dies ist eine wichtige Entscheidung. Sie beeinflusst unsere Beziehungen, unsere Produktivität, unsere Gesundheit und unser Glück.

✎ Stop & Reflect

Worum geht es in dieser Geschichte?

....

....

....

Schreibe drei Mitmenschen auf, deren Eimer du heute füllst!

....

....

....

Der Löwe und die Maus

«Halte dir einen tüchtigen Feind!
Er wird dir ein Sporn sein, dich zu tummeln.»
– Karl Gutzkow

Eines Tages lag der Löwe, der König der Tiere, in der Sonne und hielt seinen verdienten Mittagsschlaf. Plötzlich wachte er auf. Er fragte sich, was ihn wohl geweckt haben mochte.
Da fiel sein Blick auf eine kleine Maus, die gerade dabei war, es sich in seinem Fell gemütlich zu machen. Ihr Kitzeln war es also, das ihn aus seinen Träumen gerissen hatte. Der mächtige Löwe war stinksauer und wollte die schwache Maus fressen.
Als er gerade mit seiner Tatze ausholte, um sie zu packen, fing die Maus an zu weinen und flehte ihn an: «Oh bitte, lieber starker Herr Löwe, lassen Sie mich laufen. Eines Tages kann ich Ihnen dafür vielleicht helfen!»

Der Löwe lachte lauthals über den Gedanken, dass diese kleine nutzlose Maus ihm eines Tages eine Hilfe sein sollte. Doch er hatte eine gutmütige und sanfte Ader, und so ließ er die Maus laufen.

Einige Wochen später wurde der Löwe von Wilderern in einem Netz gefangen. Er schlug mit seinen kräftigen Pranken um sich, zog und zerrte, so fest er konnte, aber die Seile waren zu stark und schnürten sich immer enger um seinen Körper. Vor Wut und Verzweiflung brüllte der Löwe so laut, dass die Maus ihn hören konnte und schnell herbeigelaufen kam.

Die Maus erfasste die Situation sofort und sagte: «Seien Sie ruhig, Herr Löwe, ich werde die Seile zernagen und Sie befreien. Aber halten Sie still.»

Der Löwe gehorchte und die Maus begann, mit ihren kleinen scharfen Zähnen langsam die Seile zu zernagen. Es dauerte zwar seine Zeit, doch schon bald war der Löwe befreit.
«Sie haben mich schon einmal ausgelacht», sagte die Maus zum Löwen. «Sie haben gedacht, ich wäre zu klein, um Ihnen irgendwann mal helfen zu können. Aber sehen Sie, Sie verdanken mir Ihr Leben!»

– Äsop –

✏ Stop & Reflect

Ist Größe wirklich alles im Leben? Schreibe mindestens zehn Punkte auf, die in deinem Leben eine wichtige Rolle spielen!

....

....

....

....

....

Lerne, Misserfolge richtig einzuordnen

«Mitten im Misserfolg liegt eine neue Chance.»
– Albert Einstein

Die meisten Eltern kennen das Glücksgefühl, wenn ihr Kind sich das erste Mal von einer Seite auf die andere dreht, wenig später das Krabbeln anfängt, um dann anschließend seine ersten wackeligen Gehversuche auf den eigenen Beinen zu unternehmen.

Mit einem aufmunternden Lächeln im Gesicht und ausgebreiteten Armen stehen die Eltern vier oder fünf Schritte von ihrem Sprössling entfernt und ermutigen ihn, zu ihnen zu kommen.

Und was passiert? Das Kind versucht zu gehen und fällt hin!
Es fällt hunderte Male auf seinen Hintern, bevor es gehen kann. Oder hattest du etwa Eltern, die nach deinem dritten Gehversuch zu dir gesagt haben: «Versuch nie wieder, das Gehen zu lernen. Du kannst es nicht!» Natürlich nicht! Dieser Gedanke wäre absurd.

Ich weiß noch heute ganz genau, wie mein Vater mir das Fahrradfahren beigebracht hat. Jeden Samstagmorgen gingen wir mit unseren beiden Rädern zu einem abgelegenen Feldweg am Rande eines wunderschönen Waldstückes.

Papa ermunterte mich immer und immer wieder, mich auf den Sattel zu setzen und meine Füße auf die beiden Pedale zu stellen. Dabei hielt er mit seinen großen Händen das Fahrrad am Gepäckträger fest, damit ich nicht die Balance verlor. Es konnte nichts schiefgehen. Selbst wenn ich nicht in der Lage gewesen wäre, das Gleichgewicht zu halten: Mein großer starker Papa war ja zur Sicherheit direkt hinter mir. Nach etlichen Versuchen, die mir wie eine Ewigkeit vorkamen, ließ mein Vater für Sekunden los, um nur Bruchteile später wieder fest zuzupacken.

Und dennoch, den letzten Schritt zum selbständigen Fahren musste ich ohne seine Hilfe bewältigen. Ich stürzte schwer zur rechten Seite und fiel hart mit meinem Knie auf den Kiesboden. Die Tränen liefen mir die Wangen hinunter, doch vor mir stand schon mein Vater und ermunterte mich, nicht aufzugeben. Ich könne es schaffen! Und siehe da, Minuten später fuhr ich ganz alleine auf meinem großen Fahrrad! Wie einfach das auf einmal war! Die ganze notwendige Übung war plötzlich vergessen. Ich konnte Fahrrad fahren.

Ist es nicht töricht zu denken, dass wir in unserem Leben große, bedeutungsvolle Dinge erreichen können, ohne dass wir dabei den einen oder anderen Rückschlag erleiden werden? Manche Rückschläge sind von kleiner Natur, manche sind größer. Einige Misserfolge greifen uns persönlich an, nagen an unserem Selbstwertgefühl, lassen uns verzweifeln und an uns selbst zweifeln. Jeder wird mit Sicherheit damit konfrontiert werden, wenn er im Leben erfolgreich sein will!

Aber wir dürfen nie vergessen, dass Misserfolg ein Ereignis und keine Person ist. Misserfolg sollte man nicht persönlich nehmen, sondern richtig einordnen und daraus lernen. Erfolgreichsein ist ein Prozess. Nur wenige Menschen werden über Nacht erfolgreich. Die meisten erarbeiten sich ihren Erfolg über Jahre hinweg, wie etwa Otto Rehagel, der die international unbekannte griechische Nationalmannschaft 2004 zur Fußballeuropameisterschaft führte. Obwohl er in seiner Karriere auch schon mehrmals vorzeitig entlassen wurde, hörte er nicht auf, an seinen Zielen zu arbeiten. Oder denk an Michael Jordan, der es als Jugendlicher nicht in seine Basketball-Highschool-Mannschaft schaffte. Sein Trainer meinte, er wäre zu klein und zu schlecht. Und seine Lehrerin riet ihm, besser Mathematik zu studieren, anstatt es als Sportler zu versuchen. Heute ist er bekannt als der beste Basketballspieler aller Zeiten.

🖉 Stop & Reflect

Mit welchen Rückschlägen hast du bisher zu kämpfen gehabt und wie
bist du mit ihnen umgegangen?

....

....

....

Was hast du dabei gelernt?

....

....

....

Touch the Sky

Der Baumriese

«Zum Erfolg gibt es keinen Lift.
Man muss die Treppe benutzen.»
– Emil Oesch

Die Parabel vom Baumriesen ist eine Geschichte darüber, wie Nebensächlichkeiten, Sorgen und Ängste unser ganzes Leben trüben können. Sie stammt ursprünglich von Dr. Harry Emerson Fosdick.

An einem Hang in den Alpen liegt der verwitterte Stamm eines Baumes. Die Größe des Stammes lässt erkennen, wie groß und kräftig der Baum einmal gewesen sein muss. Biologen behaupten, dass er vor mehr als 400 Jahren entstanden sei. Über viele hundert Jahre hinweg wurde die ursprünglich kleine und zarte Pflanze langsam zu einem Baumriesen. In dieser Zeit trotzte er sämtlichen Gewittern, Stürmen, Jahrhundertfluten und Lawinen. Obgleich ihn all diese Ereignisse erschütterten, überstand er sie und ging aus ihnen mit neuer Kraft hervor. Er wurde immer größer und größer.

Doch eines Tages kam eine Armee von Käfern. Die Insekten fraßen sich durch seine Rinde und zerstörten mit ihrem unaufhörlichen Nagen und Beißen seine innere Lebenskraft. Der Baumriese kapitulierte und fiel schließlich einfach um.

Der Riese des Waldes, den weder Alter noch Naturkatastrophen in die Knie zwingen konnten, wurde zum Opfer von Käfern, die so klein sind, dass jeder Einzelne von ihnen leicht zwischen zwei Fingern zerdrückt werden könnte.

Touch the Sky

Sind wir nicht alle wie dieser Baumriese? Auch wir schaffen es immer wieder, die Gewitter und Lawinen des Lebens zu überstehen, die Blitze und Stürme abzuwehren. Doch wofür? Nur damit unsere Herzen dann von den kleinen Käfern der Sorge oder des Ärgers zerfressen werden? Von kleinen Käfern, die man zwischen zwei Fingern zerdrücken könnte?

🖉 Stop & Reflect

Welches sind deine kleinen Käfer im Leben?

....

....

....

Was wirst du gegen sie unternehmen?

....

....

Das Gesetz vom Säen und Ernten

«Erfolg haben heißt, einmal mehr aufstehen, als man hingefallen ist.»
– Sprichwort

Das Gleichnis vom Sämann ist aus dem Evangelium nach Matthäus (13, 1-8). Ich bin ein Amateur, was die Bibel betrifft, aber dies ist eine so wunderbare Geschichte, um das Leben zu verstehen:

«Es war einmal ein ambitionierter Sämann, der exzellentes Saatgut besaß.»

Das ist die Voraussetzung, um erfolgreich im Leben zu werden! Die eigene Ambition und ein exzellentes Saatgut (das kann eine Fähigkeit, ein Talent, ein Produkt, das man verkauft, oder vieles andere sein).

«Der Sämann ging hinaus aufs Feld, um zu säen. Doch einige der Saatkörner fielen nicht auf das Feld, sondern an den Wegrand, und die Vögel kamen und fraßen sie auf.»

Hierzu ein alltägliches Beispiel aus dem Sportlerleben: Der Trainer lädt den talentierten Spieler Tom zu einem Probetraining am Dienstagabend ein. Tom sagt zu.

Der Dienstagabend kommt, Tom ist nicht da.

Der Trainer fragt sich: «Wie kann es sein, dass Tom nicht da ist?»

Das Gleichnis liefert die Antwort: Die Vögel kamen und haben es ihm ausgeredet! Jemand, vielleicht ein Gegner oder Feind, hat ihm gesagt, dass es nicht gut ist, das Training anzuschauen, etwas Neues zu lernen oder vielleicht eine Chance fürs Leben zu bekommen. Und Tom ist seinem Rat erlegen!

Jetzt hat der Trainer zwei Möglichkeiten: Er kann die Vögel jagen und den Menschen ausfindig machen, der Tom das Probetraining ausgeredet hat. Der große Nachteil ist jedoch:
Er verlässt das Feld, vergeudet Energie und kann nicht mehr säen. Daher sät der kluge Sämann einfach weiter.

«Der Sämann säte weiter.»

Das ist der Schlüssel zum Erfolg!

«Anderes Saatgut aber fiel auf das Steinige, wo es nicht viel Erde hatte. Daher ging es sofort auf. Als aber die Sonne aufging, wurde es verbrannt, und weil es keine Wurzel hatte, verdorrte es und starb.»

Es ist nicht einfach, diesen Prozess im wirklichen Leben beobachten zu müssen. Zurück zu unserem Beispiel: Tom kommt zum Probetraining und ist sogleich hellauf begeistert und voller Freude. Doch er ist ein Mensch des Augenblicks und zum zweiten Training erscheint er nicht mehr, weil er lieber andere Sachen machen will. Er wird nicht mehr gesehen …

Wieder hat der Trainer zwei Möglichkeiten: Tom mit all seiner Energie hinterherzulaufen oder … Der kluge Sämann sät einfach weiter!

«Der ambitionierte Sämann säte weiter …
Einiges Saatgut aber fiel unter die Dornen; und die Dornen sprossen auf und erstickten es.»

Dies ist der Punkt, an dem die meisten Menschen im Leben scheitern: Tom kommt auch zu den nächsten Trainingseinheiten und ist augenscheinlich voller Engagement dabei. Doch als der erste persöniche

Rückschlag, der erste Frust, der erste Konflikt aufkeimt, verabschiedet er sich und taucht nicht mehr auf.

«Der ambitionierte Sämann säte weiter. Und endlich fielen einige der Saatkörner auf die gute Erde und gaben Frucht: das eine dreißig-, das andere sechzig- und das letzte hundertfach.»

Wer immer weiter sät, dessen Saat wird früher oder später stets auf guten, fruchtbaren Boden fallen!

In unserem Beispiel sind das die Toms, die Menschen im Leben, auf die man sich voll und ganz verlassen kann und die immer Teil des Teams sind. Einige davon werden ihr Potenzial zu 30% abrufen, andere zu 60% und einige werden ihr volles Potenzial zu 100% ausschöpfen und den ganz großen Durchbruch schaffen.

Für jeden Bereich des Lebens gilt: Bis wir die Menschen finden, die mit uns den ganz großen Durchbruch schaffen, müssen wir all die schmerzhaften Erfahrungen machen, die der Sämann machte. Und wer nicht motiviert werden möchte, den holen die Vögel.

Entscheide dich!

✏ Stop & Reflect

Welche Lehre ziehst du für dich aus dieser Geschichte?
Gib ein Beispiel!

....

....

....

Touch the Sky

Richte dich nicht nach deinen Kritikern

«Wenn das, was du sagst,
der anderen Person nicht wirklich hilft,
dann sage es nicht.»
– Denis Waitley

Ein Junge machte sich mit seinem jüngeren Bruder auf den Weg nach Hause. Sie hatten Wasserflaschen gekauft und diese in zwei große Einkaufstaschen gepackt. Einer der beiden hatte sein Fahrrad dabei. Der ältere Bruder war sich seiner Verantwortung bewusst, nahm die beiden vollen Taschen in seine Hände und ließ seinen jüngeren Bruder mit dem Fahrrad nebenherfahren.

Nach kurzer Zeit kam ihnen ein älterer Herr entgegen, der entgeistert mit dem Kopf schüttelte: «Kleiner, hilf mal deinem großen Bruder beim Tragen und lass ihn nicht die ganze Arbeit alleine machen.»

Die beiden kamen zu dem Entschluss, dass der ältere Herr wohl Recht habe, und so tauschten sie die Positionen. Der große Bruder setzte sich aufs Fahrrad und der kleine Bruder ging mit den Taschen nebenher.

Kurz darauf rief ihnen ein Ehepaar entgegen: «Wie verantwortungslos, den kleinen Jungen die Taschen tragen zu lassen. Die Taschen gehören auf das Fahrrad.»

Die beiden kamen zu dem Entschluss, dass das Ehepaar wohl Recht habe. So hängte sich der ältere Bruder die beiden Taschen seitlich an die Lenkstange.

Wenig später kam eine Frau vorbei. «Wie unsinnig», sagte sie. «Warum darf der Kleine nicht auf dem Gepäckträger mitfahren?»

Die beiden kamen zu dem Entschluss, dass die Frau wohl Recht habe. So setzte sich der kleine Bruder auf den Gepäckträger.

Es dauerte keine Minute, da verlor der ältere wegen der Last auf dem Rad die Kontrolle, beide stürzten und verletzten sich auch noch, denn die Taschen fielen zu Boden und die Flaschen zerbrachen in tausend Stücke.

Wenn du versuchst, es allen Menschen im Leben Recht zu machen, wirst du früher oder später als Verlierer dastehen!

🖉 Stop & Reflect

Bist du auch schon einmal in eine solche Situation geraten?
Wie war das und wie hast du dich befreit?

Der richtige Umgang mit Kritik

«Stelle dir 3 Fragen, bevor du mir etwas über andere Menschen sagst:
1.) Ist das, was du sagst, von Liebe getragen?
2.) Entspricht das, was du sagst, der Wahrheit?
3.) Ist das, was du sagst, für uns beide nützlich?
Wenn du nicht dreimal mit JA geantwortet hast,
dann will ich es nicht wissen!»
– Sokrates

Lass dich von Kritik und Ablehnung nicht entmutigen!

Der Junge war einer von vielen, die dem Redner begeistert zuhörten und mit ihm arbeiteten. Doch er bemerkte auch, dass einige den Redner kritisierten und andere ihn weder besonders gut noch besonders schlecht fanden. Die meisten aber empfanden so wie der Junge: Sie waren begeistert, hatten Spaß und brannten darauf, die gelernten Dinge umzusetzen.

Nach dem Vortrag fragte der Junge den Redner, warum die Menschen auf dieselbe Sache so unterschiedlich reagieren.

Dieser antwortete: «Diese drei Gruppen von Menschen findet jeder von uns im Leben vor. Die Prozente verschieben sich, aber in jeder größeren Menge gibt es immer Menschen, die spotten und kritisieren, andere, die sich neutral verhalten, und viele, die begeistert sind.»

Er fuhr fort: «Anfangs wollte ich, dass alle begeistert sind. Aber das ist unmöglich, denn manche haben es sich zur Lebensaufgabe gemacht, kritisch und negativ zu sein.

Touch the Sky

Auch erfordert es Mut, sich für Neues zu öffnen. Und den hat nicht jeder.

Ich habe gelernt, dass es leichter ist, wenn man sich mit den drei Gruppen einfach abfindet. Ich konzentriere mich nur noch auf die Gruppe, die meine Botschaften positiv aufnimmt. Seitdem geht es mir viel besser.»

Jeder erfolgreiche Mensch hat gelernt, mit Ablehnung umzugehen. Er weiß, dass es immer drei Gruppen gibt:

Eine Gruppe, die ihn ablehnt.

Die zweite Gruppe, die unentschlossen ist und gar nichts tut.

Und die dritte Gruppe, die ihn, sein Projekt oder seine Idee begeistert aufnimmt.

Dies liegt einfach in der Natur des Menschen und wird immer so sein.

Jede neue Idee, jedes Projekt, jede neue Sache durchläuft drei Stufen:

Stufe 1: Spott. Man wird nicht ernst genommen und manche Menschen machen sich lautstark lustig.

Stufe 2: Kritik. Die ersten Erfolge stellen sich ein, Spott ist nicht mehr passend, daher wird jetzt kritisiert. Die zweite Phase sollte als Fortschritt angesehen werden, denn Kritik muss man sich erst verdienen. Kritik muss man sich erarbeiten, Mitleid bekommt man umsonst.

Stufe 3: Anerkennung. Wer seiner Linie stetig treu bleibt und lange genug durchhält, den wird man nicht mehr kritisieren. Stattdessen folgt auf Erfolge die Anerkennung. Zwar gibt es immer noch welche, die gerne kritisieren würden – aber es ist nicht mehr «in», dies zu tun. Für die genannten drei Gruppen und Stufen gibt es keine Ausnahme im Leben. Das Entscheidende ist, wie wir damit umgehen. Es gibt zwei Extreme: Zum einen gibt es Menschen, die sich der Kritik vollkommen verschließen und damit keine Chance haben zu wachsen und besser zu werden. Zum anderen gibt es welche, die sich von allem beeinflussen lassen, es jedem Recht machen wollen und damit sich selbst untreu werden.

Die Kunst ist, den goldenen Mittelweg zu finden. Wir sollten hinterfragen, ob die Kritik konstruktiv und berechtigt ist, oder ob sie destruktiv ist.

Erfolgreiche Menschen haben die Fähigkeit ausgebildet, destruktive Kritik nicht persönlich zu nehmen. Sie erkennen, dass das Problem eher bei dem Kritisierenden selbst liegt. Ebenso wissen sie, dass sich immer ein gewisser Prozentsatz findet, der spottet, lacht und ablehnt.

Es gibt Menschen, die versuchen werden, dich zu verletzen. Manche tun dies aus Neid, andere, weil sie selbst unzufrieden sind. Natürlich sagen sie nicht: «Ich beneide diesen Menschen, darum nörgele ich an ihm herum.» Neider kleiden ihre Worte in scheinbar ernst zu nehmende Kritik.

Wieder andere haben es sich zur Lebensaufgabe gemacht, negativ zu sein. Das darf uns nicht stören. Es ist ja die Aufgabe des Miesepeters, alles mies zu machen. Vielleicht hast du dich auch schon mal gefragt, warum ein bestimmter Mensch immer lügt. Antwort: Weil er ein Lügner ist! Der Lügner lügt, der Spötter spottet, der Dieb stiehlt und der Negativling kritisiert ständig.

Es gibt nur einen Weg, Kritik zu vermeiden: Tue nichts.
Das hilft! Wir sollten unser Leben aber nicht nach Nörglern ausrichten, die versuchen, ihr eigenes Unglücklichsein besser zu ertragen, indem sie andere ebenfalls unglücklich machen.

Entscheidend ist allein, wie wir mit Kritik umgehen. Wenn das Gefühl für die eigene Sache zu schwach ist, dann wird man anfällig für Kritik. Bei erfolgreichen Menschen ist die Begeisterung einfach stärker. Sie sind hungriger, lernwilliger, eifriger. Sie sind bereit, alles zu tun, was nötig ist, um ihr Ziel zu erreichen. Wer ein derartiges Gefühl für seine Aufgabe entwickelt, der lässt sich nicht so leicht beirren.

Ein weiser Mensch sagte einmal: «Lass dich niemals von einem Menschen kritisieren, dessen Rat du nicht schätzt oder der nicht da ist, wo du selbst einmal sein möchtest.»

✎ Stop & Reflect

Das habe ich gerade gelernt:

....

....

....

Kämpfe nicht mit einem Schwein

«Du kannst aus einem Schwein kein Rennpferd machen!»
– Unbekannt

In einem Dorf lebten zwei Jungen: Der eine war wohlerzogen, der andere ein ziemlich aggressiver Provokateur. Beide mochten sich überhaupt nicht. Der Provokateur versuchte den wohlerzogenen Jungen bei jeder Gelegenheit aus der Reserve zu locken, um ihm eins auswischen zu können.

An einem Wintertag begegneten sich die beiden auf der kleinen Brücke, die über einen eiskalten und reißenden Bach führte. Schon von Weitem griff der provokative Junge den wohlerzogenen verbal heftig an.

‹Dieses Mal zeige ich dir, wen du vor dir hast›, dachte sich der wohlerzogene Junge, während sich die beiden auf der Brücke immer näher kamen. ‹Du sollst lernen, wen du vor dir hast!›

Und schon standen sich die beiden auf der schmalen Brücke gegenüber – keiner wollte dem anderen weichen.

«Geh zur Seite, du Wurm», rief der Provokateur mit aggressiver Stimme. «Und mach dem König des Dorfes Platz!»

Im wohlerzogenen Jungen wuchs die Wut. «Warum sollte ich?
Dir zeige ich, wer der König ist.»

Touch the Sky

‹Sei nicht dumm. Der Klügere gibt nach›, hörte der wohlerzogene Junge innerlich die Stimme seines Vaters sprechen.

Doch seine Wut war zu groß. Und schon gingen die zwei aufeinander los. In einem heftigen Kampf fielen beide über das niedrige Geländer ins eiskalte Wasser und wurden vom Strom mitgerissen. Mit letzter Kraft und kurz vorm Erfrieren konnten sie sich an einem Ast festhalten, der ins Wasser ragte, und sich an Land ziehen.

‹Hätte ich doch auch dieses Mal auf meinen Vater gehört›, dachte der wohlerzogene Junge, während er fast starr vor Kälte um Hilfe rief.

Kämpfe niemals mit einem Schwein. Ihr werdet beide dreckig – dem Schwein gefällt es, aber du hast dich auf sein Niveau herabgelassen

🖉 Stop & Reflect

Mit folgenden Menschen werde ich nicht mehr streiten, weil es nichts bringt:

....

....

....

Dein Gang durch die Wüste

«Taten aufzuschieben bedeutet nur,
Erfolg aufzuschieben.»
– Rick Pitino

Es waren einmal drei Abenteurer, die sich zum Ziel gesetzt hatten, die afrikanische Wüste zu durchqueren. Ihre Rucksäcke enthielten lediglich Kleider, Hygieneartikel sowie Nahrungs- und Trinkvorräte. Voller Enthusiasmus begaben sich die Männer auf ihre Tour.

Nach einigen Wochen waren sie tief verzweifelt, denn sie hatten sich verlaufen und ihr Ziel völlig aus den Augen verloren. Die Essens- und Trinkvorräte waren aufgebraucht. Völlig erschöpft lagen sie eines Abends kurz nach Sonnenuntergang im noch angenehm warmen Wüstensand. Sie hatten seit Tagen nichts mehr gegessen und viel zu lange schon keine Flüssigkeit mehr zu sich genommen. Entkräftet blickten sie in den sternenklaren Abendhimmel.

Plötzlich schoss eine Sternschnuppe aus den Weiten des Himmels mit rasender Geschwindigkeit auf sie zu und landete direkt vor ihnen im Wüstensand. Sie strahlte so hell, dass sich die drei Wanderer die Hände vor die Augen halten mussten, um nicht geblendet zu werden.

«Geht noch eine Nacht weiter hartnäckig euren Weg», sprach die Sternschnuppe zu ihnen. «Sammelt dabei alle Steine auf, die ihr finden könnt und steckt sie in eure leeren Rucksäcke. Ihr werdet belohnt werden und ab morgen früh satt und zufrieden sein.» Und so schnell die Sternschnuppe gekommen war, verschwand sie auch wieder.

Touch the Sky

Die drei Abenteurer wussten nicht, ob sie geträumt hatten oder ob dies alles Wirklichkeit war. Sie diskutierten heftig, doch nach einigen Minuten beschlossen sie, sich mit letzter Kraft auf den Weg zu machen. Sie irrten ziellos durch die Nacht und liefen an unzähligen Steinen vorbei – kleinen und großen, leichten und schweren. Doch nur am Anfang hoben sie ein paar von ihnen auf und steckten sie in die Rucksäcke. Dann sahen sie keinen Sinn mehr in ihrem Handeln und vergaßen die Worte der Sternschnuppe.

Die Nacht neigte sich dem Ende zu, als die drei plötzlich am Horizont eine Oase erblickten. Überschwänglich vor Freude rannten sie los Endlich! Ein Ort mit zahllosen Obstbäumen und voll von Wasser. Die drei aßen und tranken, aßen und tranken, aßen und tranken, bis ihre Bäuche fast platzten. Dann fielen sie völlig erschöpft zu Boden und schliefen ein.

Als sie später wieder aufwachten, befanden sie sich immer noch in der Oase. Es war kein Traum. Alles war echt!
Als Nächstes fiel ihr Blick auf die Rucksäcke mit den Steinen.
Es war unglaublich: Die wenigen Steine, die sie auf ihrem Weg aufgesammelt hatten, waren zu Goldklumpen geworden! Die drei konnten ihr Glück kaum fassen, stürmten zu ihren Rucksäcken und rissen sich das Gold gegenseitig aus den Händen.
Plötzlich hielten sie inne und schauten voller Entsetzen in die Richtung, aus der sie gekommen waren. Denn bis zum Horizont konnten sie unzählige Steine sehen, die sie noch hätten einsammeln können!

An den Steinen, die zuerst wie Probleme aussehen, wirst du wachsen und besser werden. Und vielleicht werden sie dich glücklich machen.

✎ Stop & Reflect

Wie war bis jetzt dein Gang durch die Wüste?

....

....

....

Welche Steine wirst du ab jetzt in deinem Leben aufheben und einsammeln?

....

....

....

Die zwei Schmerzen des Lebens

*«Du wirst nicht viel erreichen,
wenn du nur an den Tagen arbeitest, an denen du dich gut fühlst.»
– Jerry West*

Es gibt zwei Schmerzen im Leben, mit denen du deinen Geist und dein Herz täglich konfrontieren musst.

Der eine ist der Schmerz des Bedauerns. Eines Tages in die Vergangenheit zu blicken und zu sagen, hätte ich doch nur ... genauer auf meine Freunde, Lehrer oder Eltern gehört ... wäre ich doch nur etwas offener für die neuen Möglichkeiten gewesen, die sich mir geboten haben.

Der zweite Schmerz im Leben ist der Schmerz der Disziplin. Wenn wir etwas Bedeutendes erreichen möchten, dann müssen wir einen Preis dafür bezahlen. Im Leben gibt es nichts umsonst. Den Preis zu bezahlen heißt, diszipliniert zu sein. Nicht den einfachen Weg zu gehen. Dinge anders zu machen, als sie vielleicht alle unsere Freunde und Bekannten tun. Denn nur wer den Preis zahlt, wer seine Zeit investiert und den verlockenden Annehmlichkeiten des Lebens auch mal widerstehen kann, wird seine Träume und Ziele verwirklichen.

Ich erkläre meinen Spielern immer, dass man sich Erfolg, Geld und Ruhm im Sport durch jahrelange tägliche Arbeit verdienen muss. Dies erfordert enorme Disziplin. Wenn wir eine Meisterschaft gewinnen wollen, müssen wir die ganze Saison hindurch hart trainieren.
Meine Aufgabe als Trainer ist sicherzustellen, dass diese Disziplin täglich bei allen Spielern sichtbar und spürbar ist. Ansonsten muss ich als Trainer diese Disziplin einfordern.

Auch mal durch eine vermeintliche «Strafe». Eine «Strafe», die für einen Moment vielleicht wehtut und Ärger oder Frust hervorrufen kann

Doch wen von uns interessiert noch eine kleine «Strafe», wenn man am Ende der Reise seine Ziele erreicht hat, weil man diszipliniert war?

Willst du zum Beispiel in zehn Jahren unzufrieden in den Spiegel blicken und dich bei deinen Freunden und Verwandten über deine Figur beklagen?

Oder bringst du die Disziplin auf und machst jeden Tag 50 Liegestütze?

Oder bringst du die Disziplin auf und gehst jeden Tag eine Viertelstunde um den Häuserblock?

Oder bringst du die Disziplin auf und joggst jeden zweiten Tag locker für zwanzig Minuten?

Oder bringst du die Disziplin auf und kontrollierst deine Essgewohnheiten?

Hier ist das Geheimnis im Leben, das viele nicht verstehen:
Der Disziplinschmerz wiegt nicht annähernd so schwer in deiner Seele wie der Schmerz des Bedauerns. Der eine wiegt kurzfristig vielleicht ein paar Gramm, der andere lastet, wenn die Chance erst mal vertan ist, tonnenschwer für den Rest des Lebens auf dir.

Zahle den Preis, um deine Ziele zu erreichen – sei diszipliniert!

✏ Stop & Reflect

Was wirst du von nun an jeden Tag diszipliniert tun?

....

....

....

Lies diese Geschichte in einem halben Jahr noch einmal und denke erneut über die Frage oben nach!

....

....

....

Touch the Sky

Du bist wichtig und bedeutend

«Die vier wichtigsten Wörter, die du zu dir sagen kannst:
Ja, ich schaffe es.»
– Stan Kellner

Jeder Mensch möchte nützlich und wichtig sein. Dies ist ein Grundbedürfnis, das wir alle in uns tragen. Das Leben vieler könnte sich wahrscheinlich völlig zum Positiven verändern, wenn sie nur eine Person in ihrem Umfeld hätten, die ihnen ein Gefühl der Wichtigkeit und Bedeutsamkeit vermittelt.

Er war ein kleiner, schmächtiger Junge und spielte in meiner Auswahlmannschaft. Genau genommen war er der kleinste von allen. Seine zurückhaltende Persönlichkeit machte ihn zu einem der Sportler, die oft nicht die Aufmerksamkeit erhalten, die sie verdienen. Zwei Jahre lang spielte er im Kader und ich wusste, dass er es sich selbst nicht zutraute, in die Mannschaft aufgenommen zu werden, die bei der Deutschen Meisterschaft dabei sein durfte.

Der Tag der Entscheidung stand an und ich bat ihn in mein Trainerzimmer. Dort schaute er mich mit den Augen eines nervösen, am ganzen Körper zitternden Jugendlichen an, der Angst vor der schlechten Nachricht hatte.

Überzeugt, dass er tief in sich ein verborgenes und bisher unberührtes Potenzial trug, sah ich ihn lange an: «Möchtest du mit zur Deutschen Meisterschaft fahren?»

Touch the Sky

Ich wünschte, ich könnte den Blick beschreiben, mit dem er mich ansah. Ein Dreizehnjähriger, der krampfhaft versucht, seine Tränen zurückzuhalten.

«Ich bin dabei, Coach? Bin ich gut genug?»

Ich nickte lächelnd.

Als er von seinem Stuhl aufstand, war er augenscheinlich innerlich gewachsen. Seine strahlenden Augen überzeugten mich von der Richtigkeit meiner Entscheidung.

Wie bedeutend dieser Moment für seine Entwicklung war, bemerkte ich zwei Wochen später bei der Deutschen Meisterschaft. Unsere Mannschaft kämpfte um den Finaleinzug gegen Baden-Württemberg. In der Mitte der zweiten Halbzeit gerieten wir trotz allen Einsatzes hoffnungslos in Rückstand.

Ich wechselte den Jungen ein, der bis dahin als einziger Akteur noch keine Spielzeit erhalten hatte. Die Art und Weise, wie er für den Rest der Partie kämpfte und mit ganzem Einsatz auch das Letzte aus seinem Körper herausholte, inspirierte mich als Trainer derart, dass ich das Spiel engagierter als jemals zuvor zu Ende coachte – unabhängig vom aussichtslosen Rückstand. Der Junge motivierte mich!

Nach dem Spielende konnte er die Tränen nicht mehr zurückhalten, schlich weinend vom Spielfeld und wischte sich mit seinem schneeweißen Stirnband mehrmals die Wangen trocken. Keiner konnte ihn in diesem Moment trösten. Sein Traum vom Finaleinzug war geplatzt.

Wenig später sah ich ihn, als er noch ein paar Körbe warf.
Er wirkte schon viel gelöster als direkt nach Spielende.
Man sah ihm die Enttäuschung über die Niederlage zwar noch an, aber man sah auch, dass er glücklich war, dabei gewesen zu sein.

Er, der zurückhaltende Junge, den keiner sonst großartig beachtete, war in die Auswahlmannschaft berufen worden, die fast den Einzug ins Finale geschafft hätte!

Der Junge erteilte mir unbewusst eine Lektion, die ich nie vergessen werde: Es ist unser tiefstes Bedürfnis, wichtig zu sein.
Seitdem hängt bei mir ein Zettel mit den Worten «DU BIST WICHTIG» an der Wand vor meinem Schreibtisch und erinnert mich jeden Tag daran, dass jeder Spieler, dem ich in die Augen blicke, als Mensch absolut gleich wichtig und bedeutend ist.

✎ Stop & Reflect

Wo hängt dein Zettel?

Touch the Sky

Das Geheimnis der Zeiteinteilung

«Wer Ausdauer besitzt, ist schon fast am Ziel.»
– Ernst R. Hauschka

John Erskine war ein angesehener Lehrer, Musiker und Romanschriftsteller, der einen hohen Bekanntheitsgrad aufgrund seiner enthusiastischen und qualitativ hochwertigen Arbeit in verschiedenen Tätigkeitsfeldern erlangte.

John erzählte mir eines Tages, dass er eine seiner wertvollsten Lektionen fürs Leben im Klavierunterricht gelernt hatte. Er war gerade 14, als ihn seine damalige Klavierlehrerin fragte, wie oft er in der Woche übe und wie lange seine Übungseinheiten jeweils dauerten.

«Ich versuche, jeden Tag mindestens eine Stunde zu üben», antwortete John.

«Mach das nicht», entgegnete die Lehrerin. Er schaute sie überrascht an, schließlich war er stolz darauf, dass er es neben seinen anderen Aufgaben beinahe jeden Tag schaffte, so lange fleißig Klavier zu üben.

«Wenn du erwachsen bist», erklärte sie ihm daraufhin, «wirst du als erfolgreicher Mensch nicht mehr so viel freie Zeit am Stück haben. Übe lieber nur zehn Minuten, wann immer du gerade Zeit hast – direkt nach dem Aufstehen, fünf oder zehn Minuten, bevor du in die Schule gehst, nach dem Mittagessen, vor den Hausaufgaben, bevor du schlafen gehst. Verteile deine Trainingszeit über den Tag und die Musik wird ein Teil deines Lebens werden.»

Diesen Ratschlag befolgte und verinnerlichte John für den Rest seines Lebens. Er entwickelte sich zu einem ausgezeichneten Pianisten, der mit den New Yorker Philharmonikern auftrat. Später wurde er zum Präsidenten der Julliard Musikschule ernannt und Direktor der amerikanischen Opernvereinigung. John arbeitete als Professor an der Columbia Universität und veröffentlichte 45 Bücher. «Ich, Helena von Troja» ist eines seiner bekanntesten Werke.

Zehn Minuten jeden Tag, sinnvoll investiert, können den ganzen Unterschied machen!

✎ **Stop & Reflect**

Wie häufig trainierst du eine Sache deiner Wahl?
Probier die hier vorgestellte «Strategie der 10 Minuten» einen Monat lang aus!
Halte die Ergebnisse fest und entscheide dann, wie du zukünftig üben wirst!

Sei ein Visionär

«Man muss das Glück unterwegs suchen, nicht am Ziel,
da ist die Reise zu Ende.»
– Sprichwort

In einem Krankenhaus lagen zwei schwerkranke Männer zusammen in einem Zimmer. Es war ein ziemlich kleiner Raum, in dem sich nur ein Fenster befand. Einer der beiden durfte sich täglich eine Stunde aufrecht hinsetzen. Sein Bett stand direkt neben dem Fenster, so dass er bequem hinausschauen konnte. Der andere Mann hingegen musste den ganzen Tag flach auf seinem Rücken im Bett liegen und durfte sich überhaupt nicht bewegen.

Jeden Nachmittag, wenn der Mann, der neben dem Fenster lag, sich für eine Stunde aufrecht auf seine Bettkante setzte, verbrachte er die Zeit damit, seinem Zimmerkollegen all die tollen Dinge zu beschreiben, die er draußen sehen konnte.
Das Fenster bot augenscheinlich einen fantastischen Ausblick auf einen grandiosen Park mit einem glasklaren See.

Große, farbenprächtige Fische tummelten sich direkt unter der Wasseroberfläche, prächtige Schwäne schwammen durch den See und viele kleine Kinder spielten vergnügt am Wasserrand. Die alten, kräftigen Bäume spendeten den Liebespaaren ein schattiges Plätzchen, wenn diese sich auf ihrem Spaziergang durch den Park einen Moment ausruhen wollten. Im ganzen Garten blühten wunderschöne Blumen in den vielfältigsten Farben. Auch die beeindruckende Skyline der Stadt war hinter dem Park noch zu sehen.

Dem anderen Kranken, der nicht aufstehen durfte, blieb der Blick aus dem Fenster verwehrt. Umso aufmerksamer lauschte er den Beschreibungen seines Zimmerkollegen und genoss jede einzelne Minute davon. Er hörte die Geschichte von dem Jungen, der beinahe ins Wasser fiel, oder von dem Mädchen, das seine Mutter immer wieder herzlich umarmte. Der Mann am Fenster beschrieb alles bis ins kleinste Detail. Während er erzählte, schloss der andere die Augen und stellte sich diese Szenen bildhaft vor.

Doch eines Nachmittags überkam ihn plötzlich ein Gedanke: ‹Warum sollte der Mann am Fenster den Vorteil haben, all diese tollen Dinge bewundern zu können? Warum sollte ich nicht auch die Chance bekommen, selbst aus dem Fenster zu sehen?›
Zuerst schämte er sich für seine Gedanken, doch je mehr er versuchte, nicht darüber nachzudenken, umso mehr sehnte er eine Veränderung herbei. Er würde alles dafür tun, diese Dinge mit eigenen Augen sehen zu können!

Eines Nachts, als er nicht einschlafen konnte und an die Decke starrte, wachte der andere Mann plötzlich auf und bekam Atemnot. In panischer Angst suchten seine Finger krampfhaft nach dem Notrufschalter, um Hilfe zu holen.

Ohne sich zu rühren sah der Mann das verzweifelte Ringen seines Zimmergenossen mit an. Er betätigte nicht von sich aus den Notrufschalter, auch dann nicht, als kein Atemzug mehr im Raum zu hören war.

Am nächsten Morgen fanden die Krankenschwestern den anderen Mann tot in seinem Bett und entfernten leise die Leiche.

Sobald er es für angemessen hielt, fragte der Mann nun, ob er das Bett am Fenster bekommen könne. Da der Platz jetzt frei war, verschoben die Schwestern die Betten und verhalfen ihm in seinem schlechten gesundheitlichen Zustand zu so viel Bequemlichkeit wie möglich.

Kaum hatten sie das Zimmer verlassen, drehte sich der Mann mit all seiner Kraft auf eine Seite, stützte sich unter Schmerzen auf einem Ellbogen ab und blickte zum ersten Mal zum Fenster hinaus. Sein lang ersehnter Wunsch schien endlich in Erfüllung zu gehen.

Jedoch, was mussten seine Augen sehen? Kein Park, kein Teich und auch keine Kinder, sondern einfach nur eine kahle weiße Wand.

– Autor unbekannt
von Benni Flade
aus Aschaffenburg

✏ Stop & Reflect

Was ist die Aussage dieser Geschichte?
Versuche, sie in drei Sätzen zum umschreiben!

....

....

....

Touch the Sky

Wir schaffen die Dinge, an die wir glauben

*«Das Ausmaß deines Erfolges ist abhängig von
der Größe deines Glaubens.»
– Seneca*

1987 lief ich meinen ersten und einzigen Marathon. Ein beeindru-
ckendes Erlebnis, mitten in der französischen Hauptstadt Paris. Es
gibt mehrere Gründe, warum ich diesen Tag für den Rest meines
Lebens nicht vergessen werde. Der wichtigste ist, dass mich dieser
Marathon darin bestätigt hat, dass ich im Leben alles schaffen und
erreichen kann, wenn ich nur genügend daran glaube. Wenn ich selbst
die ganze Zeit positiv mit mir rede. Wenn ich mich selbst immer und
immer wieder ermutige. Besonders mit dem folgenden Satz:

«Do the thing that is hard to do and the power will come!»

Aber lasst mich die Geschichte von vorne erzählen. Ich laufe fast jeden Tag. Nicht sehr weit, vielleicht fünf oder sechs Kilometer an einem
guten Tag, doch an vielen Tagen schaffe ich nur drei bis vier Kilometer
in einem eher gemäßigten Tempo. Mit meinen 55 Jahren bin ich nicht
mehr der Jüngste …

Als ich meine Tochter Carolyne in Paris besuchte, liefen wir jeden
Morgen zusammen gemütlich durch die Straßen von Paris. An einem
wunderschönen Frühlingsmorgen begegneten wir plötzlich Tausenden von Läufern. Sie bereiteten sich auf den weltberühmten Pariser
Marathon vor. Wir hörten den Startschuss laut durch die Luft hallen
und sahen die Teilnehmer an uns vorbeihasten.

Touch the Sky

In diesem Moment beging ich einen großen Fehler. Leichtsinnigerweise erzählte ich meiner Tochter, dass es schon immer mein Traum war, einen Marathon zu laufen. Sie sah mich eindringlich an und antwortete:

«Papa, dann wird es Zeit, dass du deinen Traum verwirklichst. Auf, packen wir es an!»

Sie beachtete mich nicht weiter und begann, mit der großen Menge von Marathonteilnehmern zu laufen. Was blieb mir anderes übrig, als ihr zu folgen? Ich hatte eine vollmundige Ansage gemacht. Bevor ich mich versah, lief ich mit dem Rest der Gruppe um den Arc de Triomphe und lebte meinen Traum.

Bis zur Zwanzig-Kilometer-Marke ging alles recht gut, als mein Traum plötzlich sprichwörtlich gegen die Wand zu laufen begann. Die Schmerzen in meinem Körper waren zu groß. Ich blieb stehen und war bereit aufzugeben, als eine innere Stimme laut und eindringlich zu mir sprach: «Do the thing that is hard to do and the power will come!»

Wie oft hatte ich den Satz benutzt, um meine Spieler zu motivieren? Die Worte halfen mir, wieder ein paar Schritte zu laufen. Schon bald sprach ich laut hörbar für meine Umgebung zu mir selber: «Do the thing that is hard to do and the power will come!»

Ich wiederholte den Satz immer wieder, lauter und lauter. Überraschenderweise liefen meine Beine immer schneller. Die Worte schienen eine verborgene Energiequelle angezapft zu haben. Nach fünf Stunden und zwanzig Minuten beendete ich erfolgreich meinen ersten und einzigen Marathon.

Was dann allerdings hinter dem Zieleinlauf passierte, überraschte mich sehr. Neben meiner Tochter, die den Lauf eine Stunde schneller beendet hatte als ich, stand ein französischer Marathonläufer, der mich freundlich grüßte. Er umarmte mich enthusiastisch, küsste mich

auf die Wange und sagte: «Merci beaucoup, merci beaucoup.»
Ich verstand die Welt nicht mehr und fragte nach dem Grund für seinen Gefühlsausbruch. Er bemerkte, dass ich Amerikaner war, und erklärte mir in gebrochenem Englisch, dass er nach 25 Kilometern aufgeben wollte. Er hatte starke Krämpfe in den Beinen und konnte nur noch gehen, als ich ihn überholte und hörbar immer und immer wieder zu mir sagte: «Do the thing that is hard to do and the power will come!»

Er sagte, dieser Satz motivierte ihn so sehr, dass er ihn sich immer und immer wieder auf Französisch sagte: «Fais la chose qui est difficile à faire et la force sera là!» Und dabei begann er, wieder zu laufen, und beendete den Marathon! Ohne diesen Satz hätte er den Marathon wahrscheinlich abgebrochen.

Es gibt eine Moral in dieser Geschichte. Wenn das Leben dich herausfordert, gib bitte nicht auf. Anstatt dich selbst zu bemitleiden, bestätige dich immer und immer wieder darin, dass du auch diese Hürde nehmen kannst. Es hat mir geholfen, es hat dem französischen Marathonläufer geholfen. Und es wird auch dir helfen!

– Stan Kellner

Stan Kellner ist der Initiator und Headcoach der YES I CAN! Basketball Camps, die erstmals 1978 stattfanden. Bis heute haben Tausende von Jugendlichen in ganz Amerika und Europa diese Camps besucht. Stan Kellner ist ein anerkannter Trainer, Fernsehanalyst, Redner und Autor. Sein bekanntestes Buch ist «Beyond the absolute limit». Stan lebt mit seiner Frau in New York.

Touch the Sky

✐ Stop & Reflect

Hattest du schon einmal ein ähnliches Erlebnis? Was war es und wie hast du
es geschafft, dein Ziel letztlich zu verwirklichen?

....

....

....

(Fast) alles im Leben ist subjektiv

«Wenn du meinst, du bist zu klein, um effektiv zu sein,
dann warst du noch nie mit einem Moskito im Bett.»
– Betty Reese

Überall im Leben beurteilen Mitmenschen unser Tun und Handeln. Und wir Menschen neigen dazu, alles in richtig oder falsch, in gut oder schlecht, in positiv oder negativ einzuteilen. Diese Einordnung in «gut» und «schlecht» ist eine rein menschliche Erfindung. In der Natur gibt es so etwas nicht. Nichts ist nur gut oder nur schlecht, erst das menschliche Denken macht es dazu.

Wir kennen und haben sie alle: unsere Kritiker. Menschen, die uns sagen, was wir angeblich falsch machen, und uns gute Ratschläge geben. Wichtig zu wissen ist, dass es eine objektive Realität nicht gibt. Die Wahrnehmungsforschung hat herausgefunden, dass sich jeder Betrachter seine eigene Realität schafft und so selbst festlegt, was richtig und was falsch ist.

Wir glauben nicht das, was wir sehen, sondern wir sehen das, was wir glauben!

Das Gefährliche an Ratschlägen ist oftmals, dass der Ratgebende sein eigenes Wohl im Auge hat. Ratschläge sind häufig getarnte Rechtfertigungen der eigenen Situation. Die folgende Geschichte ist hierfür ein typisches Beispiel.

«Wer weiß …»

Touch the Sky

Ein Farmer hatte ein schönes Pferd. Die Menschen in seinem Dorf beneideten ihn darum. Sie sagten: «So ein schönes Pferd müsste man haben».

Der Farmer antwortete nur: «Wer weiß ...»

Eines Tages lief das Pferd weg, und die Menschen im Dorf sagten: «So ein Pech.» Der Farmer erwiderte nur: «Wer weiß ...»

Nach einigen Wochen kam das Pferd mit drei weiteren wilden Pferden, die ihm gefolgt waren, zurück. Die Menschen im Dorf konnten es kaum fassen: «Hat der Farmer ein Glück!», riefen sie.
Der Farmer meinte nur: «Wer weiß ...»

Als der Sohn des Farmers eines der Wildpferde zureiten wollte, stürzte er und brach sich ein Bein. Die Dorfbewohner waren entsetzt: «Sein Vermögen hat ihm kein Glück gebracht, ohne seine Pferde wäre der Sohn des Farmers noch gesund.»

Der Farmer meinte nur: «Wer weiß ...»

Wenig später brach ein Krieg aus und alle gesunden jungen Männer wurden zum Militärdienst eingezogen. Der Sohn des Farmers mit seinem gebrochenen Bein musste zu Hause bleiben, worüber er sehr zornig war.
Der Farmer besänftigte ihn: «Wer weiß ...»

Von den jungen Männern des Dorfes kam nach Ende des Krieges nicht einer zurück. Die Dorfbewohner tuschelten: «Der Farmer hat ein unglaubliches Glück!»

– Autor unbekannt

✎ Stop & Reflect

Für folgende Bereiche meines Lebens werde ich in Zukunft keine Rat-«Schläge»
mehr akzeptieren:

....

....

....

In diesen Bereichen brauche ich jedoch dringend weiterhin Tipps
und Unterstützung:

....

....

....

Gefühle sind wichtiger als Worte

*«Das beste Klassenzimmer
ist zu Füßen eines älteren Menschen.»
– Unbekannt*

Ich leistete meinen Zivildienst im Bezirkskrankenhaus in Landshut. Meine Dienstzeit war praktisch schon zu Ende und morgen würde ich meinen letzten Tag haben. An diesem schönen Sommernachmittag war nicht mehr viel zu tun, als die Anfrage kam, ob ein Zivildienstleistender Zeit hätte, mit einer älteren Dame kurz zum Einkaufen zu fahren. Ich meldete mich und nahm eine alte und gebrechlich wirkende Dame vor ihrer Stationstür in Empfang.

«Würden Sie meine Einkaufstasche nehmen?», fragte sie mich, als wir zu unserem Kleinbus gingen. Vorsorglich stützte ich die ältere Dame ein wenig, da sie nicht mehr so gut zu Fuß war. Sie hielt sich an meinem Arm fest und bedankte sich immer wieder für meine Hilfe.

«Kein Problem», antwortete ich, «das ist doch selbstverständlich.»

Wir fuhren zum nächsten Supermarkt und machten zusammen die Besorgungen, die die alte Frau benötigte. Als wir wieder in den Bus stiegen, wollte ich die Dame zurück zu ihrer Station fahren.

«Können wir durch die Innenstadt fahren?», fragte sie mich.

«Das ist aber nicht der kürzeste Weg», erwiderte ich.

«Macht nichts. Ich habe es nicht eilig. Sie doch auch nicht, oder?»

Ich schaute sie kurz an. «Warum wollen Sie den Umweg fahren?»

Ihre Augen waren feucht. Ohne eine weitere Frage fuhr ich los in Richtung Innenstadt.

«Ich war letzte Woche beim Arzt und habe nicht mehr lange zu leben», sagte sie zu mir.

Vorsichtig schaltete ich das Radio aus.

«Aber auf unserer Station kümmert sich keiner mehr richtig um mich. Ich bin alt und wertlos.»

Nach kurzer Zeit zeigte mir die Frau, wo sie früher gewohnt hatte. Dann musste ich an einer Fabrik anhalten.

«Da habe ich vierzehn Jahre lang gearbeitet», sagte sie gedankenversunken.

«Direkt nach dem Zweiten Weltkrieg war ich eine der Frauen, die geholfen haben, die ganze Stadt wieder aufzubauen.»

Sie schaute minutenlang aus dem Fenster, ohne ein Wort zu sagen.

«Mein Mann ist im Zweiten Weltkrieg gefallen. Heute habe ich keine Familie mehr. Ich bin die Letzte, die übrig geblieben ist.»

Wir fuhren weiter und sie erzählte mir, wo sie als kleines Mädchen zur Schule gegangen war.

Dann wollte sie die städtische Bibliothek sehen.

«Dort bin ich oft ganze Nachmittage gewesen, um zu lesen. Ich habe mir Wissen angeeignet. Alles, was ich wissen wollte, habe ich in dieser Bücherei gelernt.»

Wir kamen an einem Café vorbei. Spontan hielt ich an und lud die alte Dame auf einen Kaffee und ein Stück Kuchen ein. Wir saßen über eine Stunde lang im Café und sie erzählte mir aus ihrem Leben, von den schlechten Zeiten während des Kriegs und wie sie sich später erneut verliebte und ein zweites Mal heiratete. Und auch, wie ihr Mann dann vor fünf Jahren an Krebs gestorben war. Seufzend meinte sie, dass sie es bereue, nur zwei Kinder gehabt zu haben. Auch die seien schon verstorben.

«Ich bin müde», meinte sie plötzlich. «Lassen Sie uns bitte zurückfahren.»

Schweigend brachte ich sie mit dem Kleinbus zurück und begleitete sie bis zu ihrer Station.

Vor der Tür hielt sie auf einmal an. «Hier, nehmen Sie das bitte», sagte sie zu mir und drückte mir einen Geldschein in die Hand.

«Nein, danke. Behalten Sie das Geld», wies ich sie höflich zurück.

«Sie haben einer alten Dame einen unvergesslichen Nachmittag bereitet. Danke, dass Sie sich so viel Zeit genommen haben.»

«Bitte, keine Ursache. Habe ich gerne gemacht. Es hat auch mir viel Freude bereitet.»

In diesem Moment öffnete die Krankenschwester die Tür, um die Dame hereinzubitten.
«Sie waren aber lange weg. Wir haben uns schon Sorgen gemacht».

Ich gab der Frau ihre Tasche. Dabei beugte ich mich nach vorne und umarmte sie vorsichtig. «Es freut mich, dass ich Sie kennen gelernt habe», sagte ich leise. «Alles Gute. Und bleiben Sie gesund!»

Touch the Sky

Die Schwester begleitete die alte Dame zurück in die Station. Hinter den beiden schloss sich deutlich hörbar die schwere Tür. Für mich war es ein Geräusch, das gerade ein Leben beendet hatte …

Den Rest des Tages war ich sehr nachdenklich. Am nächsten Tag war mein Zivildienst im Krankenhaus beendet. Ich habe die alte Dame nie mehr gesehen.

Ich weiß nicht, ob ich jemals etwas Wichtigeres in meinem Leben getan habe, als diese alte Dame geduldig durch die Stadt zu fahren und ihr eine unvergessliche Stunde zu bereiten.

Menschen erinnern sich oft nicht mehr daran, was du getan hast oder was du zu ihnen gesagt hast. Aber sie erinnern sich immer daran, wie sie sich in deiner Gegenwart gefühlt haben!

🖉 Stop & Reflect

Welche Botschaft verbirgt sich hinter dieser Geschichte?

....

....

....

Was denkst du darüber?

....

....

....

Touch the Sky

Ehrlich währt am längsten

«Wenn du immer die Wahrheit sagst,
musst du dich an nichts erinnern.»
– Mark Twain

Ein Vater ging mit seinem Sohn auf eine lange, mehrtägige Wanderung. Bepackt mit ihren prall gefüllten Rucksäcken waren sie bereit, die Berge und die im Tal liegenden Dörfer zu Fuß zu erkunden.

Am dritten Tag gingen sie durch ein kleines Dorf. Der Junge war aufgrund der großen und für ihn ziemlich ungewohnten Anstrengungen ziemlich schlecht gelaunt. Der Vater wollte die Stimmung seines Sohnes aufhellen und sagte: «Komm, wir gehen in den kleinen Laden da drüben! Du darfst dir alle Süßigkeiten kaufen, die du haben möchtest!»

Wie bitte??? Was für ein Angebot! Der Sohn konnte es kaum glauben. Süßigkeiten, so viel er wollte? Sein strenger Vater machte normalerweise keine solch überschwänglichen Angebote.

«Ist das dein Ernst, Papa?», fragte er verwundert.

«Natürlich.»

«Du bist der beste Daddy der Welt!» Er stürmte voller Enthusiasmus in den Tante-Emma-Laden.

Die Regale in dem kleinen Raum quollen angesichts des reichhaltigen Angebots nur so über. Aufmerksam und mit viel Ruhe stöberte der

Touch the Sky

Junge durch die große Auswahl. Schließlich suchte er sich neben einer überdimensional großen Tafel Schokolade noch viele Bonbons, Mintdrops und Gummibärchen aus.

Die beiden gingen an die Kasse. Dort wartete ein ganz junger Kassierer auf sie und grüßte freundlich. Er war wohl zur Vertretung oder als Aushilfe hier, denn er wirkte viel zu jung, um der Eigentümer des Geschäfts zu sein.

«Acht Euro, bitte», sagte der kindlich wirkende Kassierer zum Vater, nachdem er alle Preise in die Kasse eingegeben hatte. Ungeduldig verfolgte der Junge die Prozedur.

Der Vater gab dem jungen Kassier 50 Euro. Der Sohn wunderte sich, warum sein Vater so viel Wechselgeld zurückbekam, doch seine Aufmerksamkeit schwenkte sofort wieder zu den Süßigkeiten. Welche Belohnung nach all den Anstrengungen der letzten zwei Tage.

Die beiden verließen den Laden und setzten ihre Wanderung fort. Der Junge kaute genüsslich auf seiner Schokolade, als sein Vater nach ein paar Minuten triumphierend zu ihm sagte: «Das war ein wunderbarer Einkauf, mein Sohn. Wir haben für acht Euro eingekauft, ich habe dem Kassierer 50 Euro gegeben und er hat mir 92 Euro zurückgegeben. Er hat in seiner Unachtsamkeit wohl gedacht, ich hätte ihm 100 Euro gegeben. Wir haben Gewinn bei diesem Einkauf gemacht!»

Den Jungen durchzuckte es, als wäre er vom Blitz getroffen worden, er blieb erstarrt stehen und hörte auf, an seiner Schokolade zu kauen. Dann schaute er seinen Vater entsetzt und mit weit geöffneten Augen an: «Papa, das geht nicht. Du musst es ihm zurückbringen. Der Junge hat seinen Fehler bestimmt schon bemerkt und vermisst das Geld. Es fehlt ihm am Abend in der Kasse, wenn er es seinem Chef geben muss.»

Sekundenlanges Schweigen.

«Ach, das ist nicht so schlimm. Mach dir keine Sorgen. Solche Dinge passieren hunderte Male jeden Tag. Ich mache dir einen besseren Vorschlag. Wir behalten das Geld und ich kaufe dir die nächsten Tage davon wieder Schokolade», erwiderte der Vater dann.

«Nein, das will ich nicht», widersprach der Junge energisch und begann, mit beiden Händen an der Jacke seines Vaters zu ziehen.

«Wir müssen ehrlich sein. Wir müssen das Geld zurückgeben. Seit Jahren erklärst du mir immer, dass Ehrlichkeit im Leben das Wichtigste ist. Wenn dir das passieren würde, wärst du auch froh, wenn der andere dir das Geld wiederbringt. Papa, ich bin traurig, denn ich dachte, du lebst deine Worte!»

«Mach ich auch», erwiderte sein Vater sofort, der sich sichtlich angegriffen fühlte. «Aber was kann ich dafür, wenn der Kassierer beim Arbeiten nicht aufpasst? Das ist nicht mein Fehler.»

«Hast du nicht gesehen, wie jung er war?», fragte der Junge und begann zu weinen. «Er hat das bestimmt noch nicht lange gemacht und sich aus Versehen vertan.»

Wieder Schweigen!

Nach einigen Sekunden Bedenkzeit sah der Vater seinen Sohn an und traf eine Entscheidung: «Du hast Recht. Lass uns das Geld zurückgeben.»

Die beiden kehrten zum Laden zurück, erklärten sich dem jungen Kassierer und gaben ihm das zu viel gezahlte Wechselgeld zurück. Dieser hatte seinen Fehler noch immer nicht bemerkt.

Umso glücklicher war er über die Ehrlichkeit der beiden.

Touch the Sky

«Danke», strahlte er. «Mein ganzer Tageslohn hätte mir heute Abend gefehlt und mein Chef wäre bestimmt richtig sauer auf mich gewesen. Vielleicht hätte er mich entlassen. Ich bin nämlich erst seit zwei Tagen da, und das auch noch auf Probe. Eigentlich möchte ich hier gar nicht arbeiten, aber ich tue es für meine Mutter. Sie ist nämlich schwer krank und wir haben kaum Geld. Wenn ich heute ohne Lohn nach Hause gekommen wäre, hätte ich ihr nicht die versprochenen Medikamente kaufen können. Ich bin euch für eure Ehrlichkeit so dankbar.»

Um das zu unterstreichen, gab er dem Jungen noch eine weitere große Tafel Schokolade auf den langen Wanderweg mit. «Die zahle ich aber aus eigener Tasche.»

Die beiden verließen den Laden. Vor der Tür blieb der Junge stehen, sah seinen Vater lange an und meinte dann: «Papa, ich bin so unendlich froh und glücklich! Und es stimmt tatsächlich, was du mir erklärt hast: Ehrlich währt am längsten.»

🖉 Stop & Reflect

Wie stehst du zu diesem Thema: ehrlich sein oder den eigenen Vorteil um jeden Preis ausnutzen? Begründe Deine Antwort!

Deine Schale voller Licht

«Halte dich sauber, durchsichtig und glänzend rein.
Du bist das Fenster, durch das du die Welt betrachten musst.»
– George Bernard Shaw

Diese Geschichte ist ein persönliches Erlebnis meines Freundes und Mentors Stan Kellner:

Immer, wenn ich auf Hawaii bin, nutze ich die Gelegenheit, um junge Menschen zu besuchen, die in der dortigen Jugendvollzugsanstalt inhaftiert sind. Das Gefängnis, auf der wunderschönen Insel Oahu gelegen, steht in einem starken Kontrast zu der paradiesischen Umgebung mit ihren majestätischen Bergen, blauen Bächen und ihren freundlichen und stolzen Bewohnern. Die Vollzugsanstalt ist überfüllt mit desillusionierten Teenagern, die vom rechten Weg abgekommen sind. Diese Besuche sind für mich sehr interessant, aber gleichzeitig auch sehr schmerzhaft und frustrierend, besonders, als mir der Leiter der Strafvollzugsanstalt erklärte, dass die Rückfallquote bei circa 80 Prozent liegt.

Warum kommen so viele von ihnen immer wieder vom rechten Weg ab? Wieso landen sie immer wieder im Gefängnis, obwohl sie die Erfahrung machen mussten, wie schlimm es ist, sein Leben in Gefangenschaft zu verbringen? Warum sind diese Jugendlichen nicht in der Lage, ihr Leben grundlegend zu ändern und nach der Entlassung ganz neu anzufangen?

Ein Lehrer der Gefängnisschule erklärte mir, dass das Hauptproblem dieser jungen Menschen ist, nie gelernt zu haben, Probleme konstruktiv statt mit Gewalt zu lösen. Sie können ihre Emotionen nicht kontrollieren, wenn die Dinge nicht so laufen, wie sie es sich vorstellen.

Bei meinem letzten Besuch auf Hawaii habe ich den lebensbejahenden Umar Rashsaan kennen gelernt. Umar ist Grundschullehrer an einer kleinen Schule am anderen Ende der Insel – weit weg vom Gefängnis. Der Besuch in seiner Klasse war für mich sehr beeindruckend und inspirierend. Die farbenfrohen Wände des Klassenzimmers waren der komplette Gegensatz zu den grauen Gemäuern des Gefängnisses. Sie waren geschmückt mit zauberhaften Illustrationen, die seine Schüler gemalt hatten. Im Raum herrschte eine Atmosphäre von Abenteuer, Neugier und Entdeckergeist. Es waren Zeichnungen, die die Herkunft und die geschichtliche Entwicklung der Insel und ihrer Bewohner in Bildern schilderten. Als ich als Fremder diese mystische Lernstätte das erste Mal betrat, hatte ich das Gefühl, an einem ganz besonderen Ort zu sein – einem Ort voller Liebe, Anerkennung und Wertschätzung.

In der Mitte des Raumes, nahe beim Fenster, aus dem man den wunderschönen Inselberg sehen konnte, der mich an den Berg direkt neben dem Gefängnis erinnerte, stand ein alter hölzerner Tisch. Auf diesen war ein kleines, dunkelbraunes Blatt geklebt, auf dem eine alte hawaiianische Geschichte geschrieben stand. Der Tisch mit der Botschaft war so im Raum platziert, dass ihn jeder, der den Raum betrat, sehen konnte. Die Geschichte verbreitete Optimismus und enthielt eine Botschaft der Hoffnung. Ich dachte an die Inhaftierten der Jugendvollzugsanstalt und wünschte mir, dass auch sie diese Botschaft einmal lesen werden. Vielleicht werden sie ja dann ihre Lebenseinstellung überdenken, ja, vielleicht könnte diese Geschichte ihnen helfen, etwas Grundsätzliches in ihrem Leben zu verändern.

Wenn dich Frust, Wut und Enttäuschung überkommen, dann lies diese wunderbare hawaiianische Geschichte und denke darüber nach, was diese Botschaft, wenn du sie ernst nimmst, für dich und dein Leben bedeuten kann.

«Jedes neugeborene Kind besitzt eine farbenfrohe Schale voll mit perfektem Licht. Wenn das Kind sich um seine Schale kümmert, wird das Licht mit der Zeit immer stärker und das Kind kann alles im Leben erreichen. Mit den Haien schwimmen, mit den Vögeln fliegen, alle Dinge wissen und verstehen. Wenn das Kind aber neidisch, eifersüchtig, egoistisch, wütend oder ängstlich wird, wirft es einen Stein in seine Schale voller Licht und das Licht verliert ein bisschen an Stärke. Das Licht und die Steine können nicht in derselben Schale nebeneinander existieren. Wenn das Kind fortfährt, Steine in seine Schale zu werfen, wird das Licht eines Tages erloschen sein. Das Kind wird dann in seiner Persönlichkeit hart wie ein Stein. Weder wächst der Stein, noch bewegt er sich. Stillstand kehrt ein. Wenn das Kind es irgendwann satt hat, ein Stein zu sein, muss es nur seine Schale umdrehen. Die Steine werden hinausfallen und das Licht fängt wieder an, in seiner ganzen Schönheit zu strahlen.»

Beim nächsten Besuch im Jugendgefängnis nahm ich eine große hölzerne Schale und einige Felsbrocken unterschiedlicher Form und Größe mit. Ich bat die jungen Menschen, darüber nachzudenken, wen sie hassten und auf wen sie am wütendsten waren. Dann sollten sie einen Felsbrocken in der Größe aufheben, die der Stärke ihrer negativen Gefühle gegenüber derjenigen Person am besten entsprach.

«Legt nun die Felsbrocken in die Schale», sagte ich. Als ungefähr ein halbes Dutzend Steine darin lagen, reichte ich die schwere Schale durch den Raum und jeder musste sie einmal halten. Als sie der Letzte in seiner Hand hatte, bat ich ihn: «Nun drehe die Schale um.»
Die Steinbrocken fielen dumpf zu Boden.

«Und, wie fühlt sich die Schale jetzt an, ohne die Last der Steine?»
Erstaunt reichte der junge Mann die Schale an alle anderen im Raum weiter, während ich begann, die alte hawaiianische Geschichte laut und deutlich vorzulesen.

Touch the Sky

Warum versuchst du das nicht auch einmal? Suche dir einen großen leeren Eimer und einige schwere Steine. Denke über deine letzten Misserfolge nach und lege für jedes Ereignis, das in dir Angst, Wut, Enttäuschung oder Frustration hervorgerufen hat, einen Stein in den Eimer. Sieh dir an, wie schwer der Eimer nach kurzer Zeit ist, und sage mir: Willst du diesen Eimer weiter mit dir durch dein ganzes Leben tragen?

Wenn du das nächste Mal einen schweren Stein in deine Schale voller Licht legst, triff bitte eine ganz wichtige Entscheidung: Drehe die Schale um. Sorge dafür, dass alle Steine hinausfallen. Fühle anschließend, wie schnell sich deine leere Schale mit strahlendem Licht füllt. Das Licht des befreiten Lebens und der inneren Unschuld!

– Stan Kellner

✏ Stop & Reflect

Welche Aussage steckt hinter dieser Geschichte?

....

....

....

Was hast du dir für die Zukunft vorgenommen?

....

....

....

Touch the Sky

Sei du selbst

«In unserem Leben scheint sich alles zu verändern,
wenn wir uns verändern.»
– Henri-Frédéric Amiel

Ein Team wird erfolgreich, wenn jedes Mitglied seine Einmaligkeit und einzigartige Stärke erkennt, zu ihr steht und sie zum Wohl der Gruppe einbringt. Jeder Mensch auf diesem Planeten ist etwas ganz Besonderes.

Der einzige Weg zum persönlichen Glück ist, das Beste aus dem zu machen, was die Natur uns mitgegeben hat. Doch jede Kunst im Leben ist autobiografisch.
Du kannst am Wochenende nur so spielen, wie du es dir im Training ausgiebig und geduldig antrainiert hast.
Du kannst nur als der Mensch auftreten, den deine Umgebung, deine Entscheidungen und deine Erfahrungen aus dir gemacht haben.
Du kannst nur nach dem Wissen handeln, das du dir angelesen und beigebracht hast.
Du musst deinen eigenen kleinen Garten bestellen, gut oder schlecht.
Du musst dein eigenes kleines Instrument im Leben spielen, gut oder schlecht.
Du musst deinen eigenen Weg im Leben finden – wenn du erfolgreich, einflussreich und bedeutend sein willst.

Sei der Motivator für die Menschen in deiner Umgebung, wenn du andere für etwas begeistern und gewinnen möchtest.
Ahme niemanden nach – finde zu dir selbst und stehe zu dir!

Touch the Sky

Wenn du nicht Kiefer sein kannst auf dem Hügel,
Sei ein Busch im Tal – aber sei
Der schönste kleine Busch am Ufer des Bachs.
Sei ein Busch, wenn du kein Baum sein kannst.

Wenn du kein Busch sein kannst, sei ein Büschel Gras
Und steh heiter am Straßenrand.
Wenn du kein Hecht sein kannst, sei einfach ein Barsch,
Aber der munterste Barsch im See.

Nicht nur Kapitän, auch Mannschaft muss sein,
Für alle von uns ist Platz.
Viel Arbeit ist zu tun und wenig,
Doch die Pflichten, die wir haben, sind gleich.

Wenn du keine Straße sein kannst, sei nur ein Pfad.
Wenn du die Sonne nicht sein kannst, so sei ein Stern.
Es ist nicht die Größe, nach der du siegst oder fällst.
Sei das Beste, was immer du bist.

– Douglas Malloch

Im Sport kann man wunderbar lernen, man selbst zu sein und diese besonderen Fähigkeiten zum Wohle einer Gruppe einzubringen.

✏ Stop & Reflect

Was ist die Kernaussage des Gedichts von Douglas Malloch?

....

....

....

Was bedeutet das für dich und dein Leben?

....

....

....

Touch the Sky

Genieße das Würstchen, nicht den Teller

«Nur auf das Ziel zu sehen, verdirbt die Lust am Reisen.»
– Friedrich Nietzsche

Zwölf beruflich sehr erfolgreiche Männer waren bei ihrem ehemaligen Schullehrer zum Grillen eingeladen. Der Lehrer genoss den Abend sichtlich. Doch die angeregten Gespräche entwickelten sich immer mehr zu Klagen über den Stress bei der Arbeit und über zu wenig Zeit fürs eigene Leben.

Um die Würstchen zu servieren, holte der Lehrer Teller aus der Küche. Ein paar aus Porzellan, andere aus Glas oder Plastik. Sogar einige Kristallteller waren darunter. Während man manchen Tellern ansah, dass sie nicht teuer waren, wirkten andere wiederum wertvoll und exquisit. Der Lehrer bat seine ehemaligen Schüler, sich zu bedienen.

Als alle Männer beim Essen waren, sagte der Lehrer:

«Falls es euch aufgefallen ist, ihr habt alle die teuren und exquisiten Teller genommen. Die billigen, schlichten Teller sind übrig geblieben. Es ist ganz normal, dass jeder von euch nur das Beste für sich will. Aber das ist auch die Ursache für all eure Probleme und all euren Stress. Was ihr eigentlich wolltet, waren die Würstchen, nicht die Teller, aber unbewusst habt ihr die besten Teller genommen und gegenseitig eure Teller beobachtet.»

Und er fuhr fort:

Touch the Sky

«Stellt euch Folgendes vor: Euer Leben ist das Würstchen und eurer Job, euer Geld und eure gesellschaftliche Position sind die Teller. Sie sind nur Hilfsmittel, um das Leben zu führen.
Sie ändern nichts an der Qualität eures Lebens. Manchmal verpassen wir es, die Würstchen zu genießen, weil wir uns nur auf die Teller konzentrieren.

Also, lasst euch nicht von den Tellern beherrschen, genießt stattdessen die Würstchen!»

🖉 Stop & Reflect

Konzentrierst du dich auf die Würstchen oder auf die Teller?

Lerne von alten Menschen

«Was wir nur für uns getan haben, das stirbt mit uns;
was wir für andere getan haben, das bleibt und ist unsterblich.»
– Albert Pike

«Komm, ich möchte dir etwas geben», sagte der Großvater zu seinem Enkel.

Es war ein nasskalter Wintertag im Dezember. Dem alten Mann ging es gesundheitlich nicht gut, deshalb hatte sich die ganze Familie kurzfristig entschlossen, ihn zu besuchen.

Er führte den Jungen in sein «privates Arbeitszimmer». So nannte er den Raum, in den er sich immer zurückzog, wenn er in Ruhe arbeiten, lesen oder einfach nur alleine sein wollte. Kaum jemand hatte den Raum bisher betreten. In ihm befanden sich ein riesiger Globus und ein großer Holzschreibtisch, der ordentlich aufgeräumt war. Am auffälligsten aber war ein imposantes Bücherregal, gefüllt mit Hunderten von Büchern. Alle waren fein säuberlich nebeneinander aufgereiht.

Der Junge setzte sich bedächtig in den großen Schaukelstuhl, der genau in der Mitte des Raums auf einem großen, flauschigen Teppich stand. Sein Großvater zeigte ihm einige Fotoalben mit unzähligen Bildern, auf denen die Stationen seines Lebens festgehalten waren.

Zum Schluss drückte er dem Jungen ein altes, abgegriffenes Buch in die Hand.

«Hier nimm das, ich schenke es dir», sagte er zu seinem Enkel. «Es enthält eine Menge handschriftlicher Notizen, die ich die letzten Jahre gemacht habe. Kein Tagebuch, sondern eine Art ‹Lebensbuch›. Ich habe Dinge aufgeschrieben, die ich in meinem Leben gelernt habe. Ereignisse, die mich nachhaltig prägten. Alles, was mir zu einer bestimmten Zeit wichtig war, habe ich sorgfältig in diesem Buch festgehalten.

Lies es dir in einer ruhigen Minute aufmerksam durch, versprich mir, dass du es sorgfältig aufbewahren und an die nächste Generation weitergeben wirst.»

Für den ersten Moment wusste der Junge mit diesem Buch nicht viel anzufangen, bedankte sich jedoch gerührt bei seinem Großvater für sein so persönliches Geschenk. Als der Junge einige Tage später wieder zu Hause war, begann er, das Vermächtnis zu lesen. Und von da an konnte er es nicht mehr zur Seite legen, denn es las sich wie ein Krimi – ein Krimi aus dem Leben.

Auf den letzten Seiten angekommen, stieß der Junge auf eine Liste, die die Überschrift «Dinge, die ich im Spiel des Lebens gelernt habe» trug:

«Ich habe gelernt ... dass man in vielen Schulen kaum die wichtigen Dinge fürs Leben lernt.

Ich habe gelernt ... dass das beste Klassenzimmer der Welt ein persönlicher Mentor ist.

Ich habe gelernt ... dass man es sieht, wenn man verliebt ist.

Ich habe gelernt ... dass Misserfolg keine Person ist, sondern ein Ereignis. Er ist nicht dauerhaft, sondern eröffnet dir Chancen zu lernen und individuell zu wachsen. Misserfolg ist die Grundlage für viel größere Erfolge.

Ich habe gelernt ... dass ein ehrliches Lächeln wichtiger ist, als immer Recht zu haben, ohne dass dir deine Freundlichkeit als persönliche Schwäche ausgelegt wird.

Ich habe gelernt ... dass es sich im Team für ein gemeinsames Ziel besser arbeitet als alleine.

Ich habe gelernt ... dass es oft die kleinen Dinge des täglichen Lebens sind, die das Leben so unendlich lebenswert machen.

Ich habe gelernt ... dass unter jeder harten Schale jemand steckt, der gemocht und geliebt werden möchte. Wenn du diesen Kern in deinen Mitmenschen erkennst, siehst du die Welt mit anderen Augen!

Ich habe gelernt … dass ein Mensch manchmal nur ein offenes Ohr und ein warmes Herz benötigt, damit die Welt für ihn wieder viel positiver aussieht.

Ich habe gelernt … dass ich am schnellsten vorankomme, wenn ich mich mit Leuten umgebe, die mehr wissen als ich.

Ich habe gelernt ... dass, wenn du versuchst, dich an jemandem zu rächen, du ihm nur erlaubst, dich weiter zu verletzen.

Ich habe gelernt ... dass offenes Zugehen auf Unbekannte wahre Wunder bei ihnen und bei mir bewirken kann.

Ich habe gelernt ... dass ein Lächeln verschlossene Türen öffnen kann.

Ich habe gelernt ... dass es ein unvergessliches und kostbares Geschenk ist, wenn sich ein Kind aus freien Stücken bei dir mit einem Händedruck und einem ehrlichen ‹Danke› für alles bedankt, was du ihm beigebracht hast.

Ich habe gelernt ... dass tägliches Lernen das Leben interessanter macht. Ich werde nie alles wissen. Die Lebenszeit ist zu kurz, um alle Fragen beantwortet zu bekommen. Aber ich möchte ein beständiger Schüler bleiben, um ein erfülltes Leben zu führen.

Ich habe gelernt ... dass jeder auf der Spitze des Berges leben möchte. Aber die ganze Freude und innere Bereicherung geschieht, während man den Berg besteigt.

Ich habe gelernt ... das Leben nicht als etwas Selbstverständliches anzusehen, das ewig dauern wird. Unser kostbarstes Gut ist unsere Zeit. Wir sollten sie weise nutzen.»

Dann kam der letzte Punkt:

«Ich habe gelernt ... dass ich mein Ziel als Großvater erreicht habe, wenn mein Enkel dieses Buch wie seinen persönlichen Schatz hütet. Und dabei diese Liste mit seinen Lebenserfahrungen weiterführt, um sie später an die nächste Generation zu übergeben.»

– Tom Hughes

✎ Stop & Reflect

Was hast du aus dieser Geschichte gelernt?

....

....

....

Der Riss in deiner Persönlichkeit

«Behandle Mitmenschen, als wären sie das, was sie sein sollten, und du hilfst ihnen, das zu werden, was sie werden können.»
– Johann Wolfgang von Goethe

Mitten in der staubigen Wüste des alten Ägypten hatte ein sehr wohlhabender Herr mehrere Hausangestellte, die den ganzen Tag für ihn arbeiten mussten. Einer der Hausangestellten war für die Trinkwasserversorgung des Herrn zuständig. Dazu musste er täglich einen weiten Weg zum nächstgelegenen Brunnen gehen. Das Wasser trug er in zwei großen Toneimern, die an den Enden eines Stabs von seinen Schultern hingen.

Der eine Eimer hatte einen Riss und verlor unterwegs die Hälfte seines Inhalts, während der andere, unversehrte Eimer täglich seine ganze Ladung ans Ziel brachte. Da der wohlhabende Mann sechs volle Eimer Wasser brauchte, musste der Hausangestellte täglich mindestens viermal statt dreimal den beschwerlichen Weg zum Brunnen zurücklegen.

So ging das viele Monate. Der Hausangestellte füllte beide Eimer am Brunnen mit Wasser und kam mit weniger als eineinhalb vollen Eimern am Haus an.

Natürlich war der unversehrte Eimer sehr stolz auf seine Leistung. Er war in der Lage, das zu erbringen, wofür er vom Menschen geschaffen worden war. Oft lachte er den kaputten Eimer aus und rieb ihm seine Unzulänglichkeit unter die Nase.

Der Eimer mit dem Riss fühlte sich immer schlechter und ihm war es sichtbar peinlich, dass er nicht die gesamte Ladung Wasser in seinem Inneren halten konnte.

Nach einigen Jahren des täglichen Versagens hatte es der gesprungene Eimer satt und sagte ganz deprimiert zum Hausangestellten: «Ich möchte mich bei dir entschuldigen, dass ich dir keinen besseren Dienst leiste. Es erfüllt mich mit Schmerz, dass ich nicht die Aufgabe erfüllen kann, für die ich geschaffen wurde. Ich stehe dir mehr im Wege, als ich dir helfe. Tausche mich doch einfach aus, und hänge einen unversehrten Eimer an deinen Stab.»

«Warum sollte ich das denn tun?», fragte der Hausangestellte und lächelte den Eimer an.

«Seit mehreren Jahren füllst du mich täglich am Brunnen bis zum Rand und ich bin noch nicht einmal in der Lage, die Hälfte des Wassers zum Haus zu bringen. Meinetwegen musst du täglich mehr arbeiten als nötig. Mit einem anderen Eimer könntest du es viel einfacher haben.»

Der Hausangestellte ignorierte den erbärmlich aussehenden Eimer, ließ ihn in den Brunnen hinab und zog ihn mit einer vollen Ladung Wasser wieder herauf. «Mach dir keine Sorgen. Wenn du nicht mein Freund und eine große Hilfe wärst, hätte ich dir das schon längst gesagt. Bitte schau dir bei unserem Gang zurück zum Haus einmal die schönen Blumen am Wegesrand an.»

Die freundlichen Worte und die Blumen heiterten den Eimer etwas auf. Doch das schlechte Gefühl kehrte zurück, sobald sie das Haus mit weniger als der Hälfte des Wassers erreicht hatten. Wieder entschuldigte er sich für sein Versagen und bat darum, ausgewechselt zu werden.

«Hast du die wunderschönen Blumen inmitten dieser staubtrockenen und heißen Wüste gesehen?», fragte ihn der Hausangestellte.

«Und ist dir aufgefallen, dass die Blumen nur auf deiner Seite waren, nicht auf der anderen?»

Der Eimer mit dem Sprung wurde hellhörig und fragte: «Ja, wie kommt das?»

«Als ich gemerkt habe, dass du Wasser verlierst, habe ich Blumensamen am Rande unseres Weges gesät. Und täglich hast du diese Blumen viermal gewässert, ohne dass du es wusstest. Sie hätten sonst nie eine Chance gehabt, in dieser Umgebung zu wachsen und zu gedeihen. Hast du gesehen, wie groß sie waren und wie wunderschön sie in ihren verschiedenen Farben leuchteten?»

«Ja», antwortete der Eimer, der auf einmal wie verwandelt war.

«Nun, deine ‹Schwäche› ist mir seit langem bekannt. Ich habe versucht, das Beste daraus zu machen. Seit mehreren Jahren pflücke ich die Blumen und schmücke damit das Haus meines Herrn. Erfreut über diesen ungewöhnlichen Dienst hat er beschlossen, mir jeden Monat ein wenig mehr Lohn zu zahlen. Ist das nicht toll?»

Jeder von uns hat «Fehler». Einen Riss in der Persönlichkeit. Keiner von uns ist perfekt. Letztendlich sind wir alle wie ein Eimer mit einem oder vielleicht mehreren kleinen Rissen. Aber das ist es, was unser Leben so einmalig und interessant macht. Nimm jeden Menschen so, wie er ist, und suche das Gute in ihm. Jeder von uns hat eine Menge guter Eigenschaften in sich. Wir müssen sie nur suchen und finden wollen.

– Frei nacherzählt aus dem Englischen
Urheber unbekannt

Touch the Sky

✏️ Stop & Reflect

Was hast du aus dieser Geschichte gelernt?
Was hat sich dadurch an deiner Einstellung zu dir selbst und deinem Leben verändert?

....

....

....

Lerne, Fehler zuzugeben und richtig einzuordnen

«Nur weil du einen Fehler machst,
bedeutet das nicht, dass du ein Versager bist.»
– Georgette Mosbacher

Keiner von uns ist perfekt. Jeder von uns macht Fehler. Täglich. Fehler aufgrund von Unwissen und Fehleinschätzungen, Fehler mangels Erfahrung. Doch heutzutage möchte jeder perfekt sein und sich fehlerfrei präsentieren. Warum geben so wenige von uns einen Fehler zu? Fehler gehören zur persönlichen Entwicklung, sie sind ein unvermeidbarer Teil des Lebens.

Nur durch Fehler lernen wir und kommen im Leben voran.
Die wichtigste Hilfe für den Umgang mit Fehlern: Mache Fehler, lerne daraus und begehe die gleichen Fehler nicht erneut.
Es hilft, die Fehlerbehandlung in vier Schritte einzuteilen:

1. Fehler bemerken. Das Wichtigste ist, dass man erkennt, einen Fehler gemacht zu haben. Wer das schafft, hat schon halb gewonnen.

2. Fehler zugeben. Dies ist ein zentraler Bestandteil, denn in unserer heutigen Gesellschaft zeigen wir gerne mit dem Finger auf andere und versuchen, unsere Irrtümer anderen in die Schuhe zu schieben. Sei ehrlich und stehe zu deinen Fehlern!

3. Aus Fehlern lernen. Der wichtigste Teil des Prozesses. Was kann ich daraus lernen, wie vermeide ich diesen Fehler in Zukunft?

4. Fehler abhaken und vergessen. Vergiss deine Fehler, nimm sie abends nicht mit ins Bett, du wirst nicht gut schlafen.

Der zweite Schritt ist sicherlich der schwerste. Die Fähigkeit, Fehler zuzugeben, zeugt jedoch von einer wichtigen Eigenschaft – persönlicher Größe. Nichts macht dich sympathischer, als dich vor deine Freunde, Spieler oder Mitarbeiter zu stellen und offen und ehrlich einen Fehler einzugestehen. Das bedeutet nicht, persönliche Schwäche zu zeigen. Es zeigt, dass du einen starken und stabilen Charakter verbunden mit einer vertrauenswürdigen Persönlichkeit hast.

Als Führungsperson Fehler zuzugeben, kann Wunder bewirken.

In meinem ersten Jahr als Trainer hatte meine Mannschaft bis weit in die Rückrunde hinein große Probleme. Wir hatten von den ersten elf Saisonspielen zehn verloren und standen auf dem letzten Tabellenplatz. Der Abstieg drohte und die Unsicherheit im Team wurde von Woche zu Woche größer.

Am elften Spieltag hatten wir Heimrecht gegen den Tabellenvorletzten. Ein Sieg war Pflicht, um nicht in noch größere Abstiegsgefahr zu geraten! Die Jungs kämpften in diesem Spiel, so gut sie konnten. Zehn Sekunden vor Ende hatten wir eine Zwei-Punkte-Führung und Ballbesitz, als mir ein fataler Coaching-Fehler unterlief. Die gegnerische Mannschaft bestrafte dies sofort, holte sich den Ball und machte zwei einfache Punkte! Das Spiel ging in die Verlängerung, in der mein enttäuschtes Team seinem Gegner nichts mehr entgegenzusetzen hatte.

Ich konnte zwei Nächte kaum schlafen, so hart ging ich mit mir selbst ins Gericht. Im ersten Training nach dieser schmerzlichen Niederlage stellte ich mich im Besprechungsraum vor die Mannschaft und sagte: «Jungs, ihr habt toll gekämpft und alles gegeben. Ich bin stolz auf euch.

Und wenn ihr noch einen Trainer hättet, der besser coachen könnte, hättet ihr auch den verdienten Lohn für eure Arbeit bekommen. Ich habe am Ende des Spiels einen großen Fehler gemacht. Ich nehme die Niederlage voll und ganz auf meine Kappe!»

In diesem Moment ging ein Ruck durch die Mannschaft. Wo eben noch Frustration und Pessimismus zu spüren waren, breitete sich ein Gefühl von Gemeinschaft aus. Zwölf Gesichter schauten mich ungläubig an – der Coach hat einen Fehler zugegeben, das hat er noch nie getan.

Die Spieler nickten mit dem Kopf. Sie alle hatten Verständnis dafür, dass Fehler passieren können. Sie zollten mir Respekt für meine ehrlichen Worte, mit denen ich auch ihre Sympathien gewann.

Ab diesem Tag lief unsere Saison wie aus einem Guss. Von den restlichen zehn Spielen gewannen wir acht. Wir waren nie mehr in Abstiegsgefahr. Sogar den Tabellenführer und späteren Meister besiegten wir fast. Und wir gewannen alle knappen Spiele – ein Indiz für die tolle Geschlossenheit der Mannschaft.

Ich weiß nicht, wie sehr dieses Erlebnis im Besprechungsraum Einfluss hatte auf diesen unglaublichen Aufschwung bis zum Ende der Saison. Man darf solche Dinge nicht überbewerten.

Ich weiß aber ganz sicher, dass seit diesem Abend ein viel intensiveres Vertrauensverhältnis zwischen dem Team und mir als Trainer bestand.

✏️ Stop & Reflect

Welches sind deine größten Fehler?

....

....

....

Wie gehst du am besten mit ihnen um?

....

....

....

Der Adler, der dachte, er wäre ein Huhn

«Woran der Kopf glaubt, das kann der Körper erreichen.»
– Marcus Aurelius

Es war einmal ein Farmer namens Andi, der eine wunderschöne Hühnerfarm am Fuße der mächtigen Alpen hatte. Das Anwesen genoss über die Grenzen hinaus einen exzellenten Ruf, da der Farmer sich liebevoll um seine Hühner kümmerte.

Farmer Andi hatte ein Ritual: Nach dem Abendessen ging er auf eine kleine Anhöhe, die oberhalb seiner Farm lag. Während die Sonne hinter seinem Rücken unterging, setzte er sich in das hohe, saftige Gras und bewunderte die Schönheit seiner Farm in den letzten Strahlen des abendlichen Sonnenlichtes.

Täglich genoss er so die Stille und Schönheit der Natur. Eines Abends hörte er den Schrei eines hungrigen Tieres hinter sich. Der Farmer drehte sich um und sah einen Babyadler im tiefen Gras liegen. Er war wahrscheinlich aus seinem Nest gefallen, das sich hoch oben im Wipfel eines riesigen Baumes befand. Der Babyadler hatte einen gebrochenen rechten Flügel, sah völlig abgemagert aus und war von seinen Eltern verlassen worden. Es war deutlich, dass er Hilfe brauchte. Und so kam der Farmer auf die Idee, den Adler auf seine Farm mitzunehmen, ihn dort aufzupäppeln und ihn später wieder in die Freiheit zu entlassen.

Entschlossen packte er den Adler und brachte ihn in eines seiner Hühnergehege. Dort fütterte er ihn zunächst mit Flüssignahrung, doch schon bald akzeptierte der kleine Adler dasselbe Futter, das die Hühner bekamen.

Mit jedem Tag wurde der Adler größer und kräftiger, aber er versuchte nicht einmal, das Hühnergehege zu verlassen. Farmer Andi bemerkte, dass es dieses wilde Geschöpf wahrlich genoss, unter den Hühnern zu leben. Täglich mit ihnen zu essen, zu spielen und zu schlafen, stellte den Adler zufrieden. Er schien ein erfülltes Leben zu führen, jedoch ohne zu bemerken, dass ein Hühnerleben für einen Adler recht einseitig war.

Wochen und Monate vergingen und aus dem Adler wurde ein ausgewachsenes Tier. Eines Tages erinnerte sich der Farmer an seine ursprüngliche Idee und beschloss, dass es an der Zeit war, den Adler in die freie Wildbahn zu entlassen. Er war sich sicher, dass ein kleiner Schubser alles war, was der Adler brauchte, um in die Freiheit zu fliegen.

Farmer Andi nahm den Adler aus seinem Gehege und warf ihn hoch über seinen Kopf. Der Adler öffnete instinktiv seine Flügel und es sah so aus, als ob er fliegen würde. Doch dann machte er den Fehler und blickte nach unten auf das Hühnergehege. Er sah die Hühner, mit denen er eine so wunderbare Zeit verbracht hatte. Plötzlich verlor der Adler an Höhe und landete mit einem dumpfen Schlag zwischen all den Hühnern im Gehege.

Der Farmer war erstaunt. Doch so leicht ließ er sich nicht entmutigen. Er packte den Adler erneut und stieg auf eine Leiter ganz in der Nähe. Auf der höchsten Stufe angekommen, warf er den Adler mit all seiner Kraft in die Luft. Der Adler begann zu fliegen. Doch dann machte er wieder denselben Fehler – er blickte auf das Hühnergehege hinab und erinnerte sich auf einmal an das schöne gewohnte Leben, das ihn mit den Hühnern verband. Und peng, er landete wieder direkt zwischen seinen Freunden im Gehege.

«Der Adler denkt, er wäre ein Huhn», schüttelte der Farmer den Kopf. Er ging wieder ins Gehege, fasste den Adler im Nacken. Seine Frustration war mittlerweile ziemlich groß.

Er ging zu seinem Haus, stieg auf das Dach und warf den Adler wieder so hoch wie möglich in die Luft. Durch den wuchtigen Wurf verlor der Vogel sogar einige Federn. Wütend öffnete er seine Flügel und begann in die Lüfte zu entschwinden.
Doch dann blickte er kurz nach unten und sah all die Hühner im Hühnergehege. Für ein paar Sekunden schien es, als ob der Adler unentschlossen seine Kreise ziehen würde. Dann verlor er rasant an Höhe und landete wieder genau zwischen seinen Hühnerfreunden im Gehege.

«Ich gebe auf», sagte Farmer Andi zu sich. «Dieser dumme Adler denkt doch wirklich, er wäre ein Huhn.» Und somit versuchte er nicht weiter, dem Adler das Fliegen beizubringen.

Das wäre eigentlich das Ende der Geschichte. Doch wenige Tage später kam ein Fremder an der Farm vorbei. Er sah den prächtigen Adler zwischen all den kleinen Hühnern im Gehege und ging zu Farmer Andi, um sich nach den Gründen für dieses Treiben zu erkundigen. Daraufhin erzählte ihm dieser die ganze Geschichte. Wie er den verlassenen und verletzten Adler gefunden und wieder gesund gepflegt hatte. Und dass er anschließend nicht in der Lage war, ihn in die verdiente Freiheit zu entlassen. Der Fremde hörte sich die ganze Geschichte aufmerksam an und sagte dann plötzlich: «Ich weiß, dass ich den Adler zum Fliegen bringe. Bitte geben Sie mir eine Chance.»

Dabei hatte er eine Selbstsicherheit in seiner Stimme, die Farmer Andi beeindruckte. «Bitte versuchen Sie ihr Glück.
Aber ich muss Sie warnen, dieser Adler denkt wirklich, er wäre ein Huhn.»

Der Mann ging auf das Hühnergehege zu, in dem der Adler gerade schlief, und hob ihn mit größter Vorsicht heraus. Er hielt den Adler fest unter seinem Arm und begab sich mit ihm auf die gefährliche Reise zu den Gipfeln der Alpen.

Wie du dir sicher vorstellen kannst, ist es nicht einfach, einen Berg bis zur Spitze zu besteigen. Vor allem dann nicht, wenn man einen ausgewachsenen Adler unter dem Arm trägt. Bei jedem Aufstieg gibt es alle möglichen Herausforderungen, und dieser bildete dabei keine Ausnahme. Der Fremde musste mit dem Adler über gefährliche, glatte und enge Pfade wandern, schroffe Felsen überwinden, umgefallene Bäume überqueren, durch tiefe Bergflüsse ziehen und sogar gefährliche Felsvorsprünge umgehen. Nach einigen Stunden erschwerte ein sehr langes Gewitter mit starken Regenfällen den Anstieg. Der Fremde war durchnässt. Er zitterte vor Kälte am ganzen Körper. Doch er ließ sich durch nichts entmutigen und aufhalten. Er brauchte den ganzen Tag und die ganze Nacht, um mit dem Adler den Gipfel des Berges zu erreichen. Aber er schaffte es! In der Morgendämmerung, als die Sonne gerade aufging, erreichten die beiden die Bergspitze.

Was für ein wunderbarer Anblick das war! Der Fremde schaute in das helle, orangefarbene Licht des Morgenhimmels und hielt den Adler in seiner Hand. Dann starrte er direkt in die verwirrten Augen des Tieres und sagte mit einer festen, selbstbewussten Stimme: «Du bist ein Adler! Spreiz deine Flügel und flieg! Du gehörst in den Himmel!» Unverzüglich schleuderte er den Adler hoch in die Luft und rief ihm hinterher:
«Du bist ein Adler! Spreiz deine Flügel und flieg! Du gehörst in den Himmel!»

Als der Adler an Höhe gewann, machte er wieder den Fehler, nach unten zu sehen. Er suchte die Hühnerfarm. Doch er konnte sie nicht finden. Der Adler drehte immer größere Kreise in der Luft und blickte ängstlich suchend nach unten. Nirgends waren die Hühnerfarm, das Hühnergehege und seine Freunde, die Hühner, zu sehen. Was sollte er jetzt machen?

Dann passierte etwas Wunderbares. Auf einmal spürte der Adler die Kraft des Windes unter seinen Flügeln und die angenehm kernige und frische Luft in seinem Gesicht.

Und plötzlich wurden ihm die unendlichen Weiten des Himmels bewusst, die bis zum Horizont kein Ende zu nehmen schienen. Der Adler bemerkte auf einmal, dass seinem Leben keine Grenzen mehr gesetzt waren. Alle Möglichkeiten standen ihm nun offen. Seine beiden Flügel würden ihn überallhin tragen! Ein unglaubliches Gefühl der Aufregung, Kraft und Freiheit floss durch seinen muskulösen Körper.

Dieses Gefühl war anders als alles, was der Adler zuvor in seinem Leben empfunden hatte, als er noch im Hühnergehege lebte. So also fühlt sich Freiheit an.

Da hörte der Adler die Stimme des Fremden, die getragen vom mächtigen Wind seine Ohren erreichte: «Du bist ein Adler! Spreiz deine Flügel und flieg! Du gehörst in den Himmel!» Und plötzlich verstand er, was der Fremde meinte. Der Adler bemerkte, dass er für etwas anderes geschaffen war als die Hühner – er war der Herr der Lüfte!

Auf einmal konnte er ohne Anstrengung höher und höher fliegen. Es sah so aus, als würde er in den Morgenhimmel entschwinden. Doch davor flog er noch einmal zu dem Fremden und senkte seinen rechten Flügel nach unten, als wolle er «Danke» sagen. Bevor der Fremde dem Adler jedoch ein letztes Mal zuwinken konnte, war dieser, wie ein Blitz in der Morgendämmerung, verschwunden.

Weder der Adler noch der Fremde kehrten jemals zu der Farm zurück. Allerdings gibt es Abende, an denen Farmer Andi auf der Anhöhe vor seinem Gut steht und in die Weiten des Himmels blickt. Und wenn der Wind richtig steht, bildet sich Farmer Andi ein, den freudvollen Schrei eines frei fliegenden Adlers aus den großen Weiten der Berge zu hören, der sagt: «Danke für all deine Hilfe! Das Leben ist schön hier oben in der Freiheit!»

Das ist das Ende der Geschichte. Doch in Wirklichkeit ist es der Anfang für uns alle. Bist du bereit für die unbegrenzten Möglichkeiten, die dir dein Leben täglich bietet? Ich hoffe, du bist es. Bevor du aber beginnst, durch das Leben zu fliegen, wirst

Touch the Sky

du einige Hürden überwinden müssen. Bevor du fliegen kannst, musst du erst einmal herausfinden, mit welchem Plan du erfolgreich durch die Weiten des Lebens segeln möchtest. Ohne starke und motivierende Ziele wirst du bemerken, dass du beim ersten Anzeichen von Problemen oder Widerständen in deinen bequemen und wohlbekannten Hühnerstall zurückkehren willst.

Denke jedes Mal daran, wenn du dich einer Herausforderung gegenübersiehst. Tu einfach so, als könntest du alles tun, was du tun musst, um erfolgreich zu sein. Sei kein Huhn. Denke, fühle und rede zu dir selbst, als wärst du ein Adler.

Übrigens, sei dir bewusst, dass du auf deiner persönlichen Reise viel mehr Hühnern als Adlern begegnen wirst. Behalte daher die folgenden Regeln im Kopf, um hoch fliegen zu können:

Regel Nr. 1: Ignoriere die Hühner!
Regel Nr. 2: Folge den Adlern!

«Du bist ein Adler! Spreiz deine Flügel und flieg! Du gehörst in den Himmel!»

– Stan Kellner

✏️ Stop & Reflect

Worüber denkst du jetzt anders als vor dieser Geschichte?

....

....

....

....

....

Deine Sanduhr

*«Denke immer daran: Die Entscheidungen, die du triffst,
entscheiden über dein Leben.»*
– John Wooden

Michael Schneider war ein erfolgreicher Manager. Der typische Karrieremensch, der es in kurzer Zeit weit nach oben gebracht hatte. Er war in seiner Firma sehr angesehen, verdiente eine Menge Geld und arbeitete viel. Sehr viel. So viel, dass er nur äußerst wenig Zeit für seine Frau und seine kleinen Kinder hatte.

Dann allerdings erlebte Michael Schneider etwas, das ihm eine ganz neue Perspektive für sein Leben gab.

Mit vielen anderen Topgrößen seiner Branche nahm er an einer Fortbildung teil. Das Seminar dauerte drei Tage und lief ausgesprochen gut. Herr Schneider hatte das Gefühl, eine Menge neuer Dinge gelernt zu haben, die ihn für den nächsten Sprung auf der Karriereleiter qualifizierten.

Als letzter Referent trat ein älterer Herr vor die Teilnehmergruppe. Er sprach über allgemeine Themen, die Herrn Schneider nicht besonders interessierten. Herr Schneider war bereit, seine Heimreise anzutreten. Er hatte genug gehört. Das Wichtige war gesagt und überbracht. Dachte er ...

Der Vortrag ging dem Ende entgegen, als der Referent plötzlich etwas von «1500 Kieselsteinen» erzählte.

Touch the Sky

Michaels Aufmerksamkeit war aus unerklärlichen Gründen wieder geweckt.

«Ich möchte Ihnen allen zum Abschluss dieses Seminars etwas erzählen», sagte der Referent zu der Gruppe.
Michael Schneider horchte auf.

«Ich möchte Ihnen von etwas erzählen, das mir die richtige Perspektive für mein eigenes Leben gegeben hat. Ich nenne es die ‹Lehre der 1500 Kieselsteine›.

Ich war 46 Jahre alt und arbeitete den ganzen Tag. Die ganze Woche! Den ganzen Monat! Das ganze Jahr. Ich war erfolgsbesessen! Ich wollte den absoluten beruflichen Erfolg. Alles andere war für mich sekundär.

Nun, ich weiß nicht warum, aber eines Tages setzte ich mich an meinen Schreibtisch und machte ein paar Rechenspiele.

Der Mensch wird im Durchschnitt 75 Jahre alt. Ich weiß, einige werden älter, andere müssen leider früher sterben. Aber im Durchschnitt lebt der Mensch 75 Jahre.

Heute ist Sonntag. Der Tag an meinem Schreibtisch war auch ein Sonntag, und ich hatte selbst an Sonntagen nur wenig Zeit für meine Familie. Ich habe als Nächstes 75 mit 52 multipliziert, weil ein Jahr aus 52 Wochen besteht, und erhielt als Ergebnis 3900.

3900! Der Mensch erlebt im Durchschnitt genau 3900 Sonntage in seinem Leben. Nur 3900! Folgen Sie mir bitte gedanklich hier, denn jetzt komme ich zu dem wichtigen Teil der Theorie!

Ich habe 46 Jahre gebraucht, um mir einmal Gedanken über solche Dinge zu machen. Bis dahin hatte ich schon 2400 Sonntage erlebt. Und wie ich sie teilweise verschwendet habe. Einfach so weggeworfen.

Mir wurde auf einmal Folgendes klar: Wenn ich ein ganz normaler Durchschnittsmensch bin, habe ich noch genau 1500 Sonntage vor mir, die ich genießen kann.
Ich ging an den nächsten Tagen mit meinen beiden Söhnen viel spazieren und wir sammelten auf unseren Wegen 1500 kleine Kieselsteine. Ich nahm sie alle mit nach Hause in meinen Keller und warf sie in einen großen, durchsichtigen Eimer. Jeder Stein war einzeln abgezählt. Genau 1500. Keiner mehr, keiner weniger. Diesen Eimer habe ich an einem persönlichen Platz vor dem Rest meiner Familie versteckt.

Seitdem bin ich jeden Sonntagmorgen als Erstes nach dem Aufstehen allein in den Keller gegangen, habe einen Stein aus dem Eimer genommen und ihn aus dem Fenster geworfen. Denn ich hatte wieder einen Sonntag weniger in meinem Leben.

Von diesem Tag an habe ich angefangen, bewusster zu leben. Wenn Sie sehen können, wie die Kieselsteine langsam, aber stetig weniger werden, beginnen Sie unweigerlich, sich auf das Wesentliche im Leben zu konzentrieren. Denn man merkt, wie der Sand der inneren Uhr verrinnt. Und auf einmal wird man sich bewusst, dass dieser Sand nicht für immer rinnen wird. Die Prioritäten in meinem Leben haben sich seitdem radikal verändert.

Ich möchte Ihnen noch eine letzte Sache sagen, bevor ich dieses Seminar beende und meine liebe Frau zum Essen ausführen werde. Letzten Sonntag, genau heute vor einer Woche, habe ich den letzten Kieselstein aus dem Eimer genommen. Und heute bin ich der glücklichste Mensch auf dieser Welt. Ich bin so glücklich, dass ich mich wie ein Vierzigjähriger fühle! Wissen Sie, warum? Weil ich ein bisschen mehr Zeit bekommen habe als der Durchschnittsmensch. Und dafür bin ich äußerst dankbar. Können wir nicht alle ein bisschen mehr Zeit in unserem Leben gebrauchen?

Versuchen Sie, Karriere und Privatleben sinnvoll unter einen Hut zu bekommen. So, dass keins von beiden vernachlässigt wird.

Touch the Sky

Ich habe es geschafft. Sie können es auch schaffen. Und ich hoffe, dass ich so viel Extra-Zeit bekomme, dass wir eine Chance haben, uns alle wiederzusehen.»

Im Seminarraum herrschte nachdenkliches Schweigen.

Auch Herr Schneider fuhr an diesem Tag tief in Gedanken versunken nach Hause. Auf den letzten Kilometern der Fahrt rief er seine Frau an:

«Hi Schatz, ich bin gleich zu Hause. Zieh dein Lieblingskleid an, ich möchte dich und die Kinder zum Essen einladen!»

«Wow, Liebling, was für eine nette Überraschung!», antwortete seine Frau erstaunt, «Wie kommen wir zu diesem seltenen Vergnügen?»

«Ach, nichts Besonderes. Es ist nur sehr lange her, dass wir alle einen Sonntag gemeinsam verbracht haben …

Ach ja, könnten wir davor einen Spaziergang machen und ein paar Kieselsteine sammeln?»

– Frei nacherzählt aus dem Englischen
In Anlehnung an Jeffrey Davis'
«1000 Marbles»

✏ Stop & Reflect

Wie viele Sonntage hast du nach dieser Rechnung schon verbraucht und wie viele liegen noch vor dir?

....

....

....

Was wirst du an den kommenden Sonntagen tun?

....

....

....

Was am Ende wirklich zählt

«Meine eigene Einstellung ist der entscheidende Faktor dafür,
wie sich mein Leben entwickelt!»
– Christian Bischoff

Ich kniete am Spielfeldrand vor unserer Spielerbank und wünschte, dass dies alles nur ein schrecklicher Traum wäre. Doch der Traum war bittere Realität. Sollte die Arbeit der ganzen Saison umsonst sein? Nach einem Jahr ohne Niederlage wurde mein Team im Finale um die Deutsche Meisterschaft vom TV Langen das ganze Spiel über dominiert. Nein, mehr als dominiert, es war eine Demütigung von einem Team, das wir eine Woche vorher im Kampf um die Süddeutsche Meisterschaft noch geschlagen hatten.

Fünf Minuten vor Schluss leuchtete auf der Anzeigetafel ein deutlicher Zwanzig-Punkte-Rückstand. Doch unsere Spieler hatten unglaublich viel Herz: Sie spielten weiter, so hart sie konnten, gaben nicht auf und kämpften bis zur letzten Sekunde, als ginge es um ihr Leben.

Tapfer verkürzten wir Punkt um Punkt, die Niederlage war dennoch nicht zu verhindern.

Mit der Schlusssirene fiel ich emotional in ein tiefes schwarzes Loch. Die Saison lief noch einmal wie ein spannender Film vor meinem inneren Auge ab: Das ganze Jahr über war es mein großes Ziel gewesen, meine Mannschaft mit dem Herzen zu führen. Nicht nach den allgemeinen Regeln des Trainerberufs. Mit dem Herzen, mit positiven Emotionen. Ich wollte jeden Spieler erreichen, jedem einzelnen die Chance geben, aus sich persönlich das Beste herauszuholen und am Ende der Saison das unbeschreibliche Gefühl eines Champions zu haben. Das Jahr war eine aufregende Achterbahnfahrt mit wenigen Tiefen und ganz vielen Höhen.

Die Mannschaft hatte sich schnell zu einer vertrauensvollen, charakterlich starken Gruppe geformt und war ungebremst wie ein Sturm durch die nationalen Meisterschaften gefegt.

Wir feierten zusammen nationale und internationale Erfolge, wir gingen auch gemeinsam durch innere Täler und Rückschläge, fanden auf respektvolle Weise Lösungen, die uns als Team immer weiterbrachten. Wir lachten und wir weinten zusammen. Mal machten wir Scherze, mal waren die Gespräche todernst. Doch alle genossen sichtlich die Reise: Jeder Spieler war mit im Boot und trug seinen Teil zum Erfolg bei.
Wir hatten ein großes gemeinsames Ziel: Deutscher Meister werden!

Und nun das! Im Moment der Niederlage zerbrach mein Herz in tausend Teile. Ich hätte es meinem Team, das mir das ganze Jahr vorbehaltlos gefolgt war, so gegönnt. Etliche konnten ihre Tränen nicht mehr zurückhalten. Mitten im Moment der tiefsten Trauer passierte etwas, das ich nie vergessen werde: Einer meiner Spieler, Michael Lachmann, eine unglaublich positive Persönlichkeit, kam auf mich zu, umarmte mich fest, schaute mir in die Augen und sagte: «Danke Coach, für diese geile Saison!»

Dieser einfache Satz der Dankbarkeit war Balsam für mein Herz und wärmte meine Seele. Wir hatten unser Bestes gegeben … immer. Wir hatten alles getan, um erfolgreich zu sein. Das ist Erfolg!

Nicht das Ziel ist das Ziel, sondern die Reise dorthin. Und diese Reise war ein unvergessliches Erlebnis. Dazu gehören auch Rückschläge und Niederlagen. Im Leben ist nicht das Entscheidende, was passiert. Es gibt Ereignisse, die können wir nicht beeinflussen. Das Entscheidende ist, wie wir darauf reagieren …

Am nächsten Morgen bekam ich von demselben Spieler eine SMS. Ich vergesse nie den Moment, in dem ich sie gelesen habe, und werde sie für immer im Herzen behalten:
«Hi Coach. DANKE für diese Megasaison!!! DANKE dafür, dass du auch durch meine Tiefs mitgegangen bist und mich immer unterstützt hast. Du bist der beste Trainer!»

Führt eure Mitmenschen mit eurem Herzen und der Dank ist euch sicher.

Jetzt bist du dran:

Gib dein Bestes und greif nach den Sternen!

Mach den positiven Unterschied

Meine eigene Einstellung
ist der entscheidende Faktor dafür,
wie sich mein Leben entwickelt.

Um etwas zu erreichen,
was ich bisher nicht erreicht habe,
muss ich auch etwas tun,
was ich bisher nicht getan habe.

Teile dein Wissen.
Wir können alle voneinander lernen.

Suche Erfolg.
Er befindet sich überall in deiner Umgebung.

Entwickle die Fähigkeit
... das Positive in deinem Mitmenschen zu sehen.
... an das Gute in ihm zu glauben.

Lebe mit Enthusiasmus!

Baue Menschen auf,
anstatt sie herabzusetzen.

Entwickle die Fähigkeit
... die Begabungen in anderen zu sehen.
Das ist eine unbezahlbare Kunst!

Hilf anderen ...
... an sich zu glauben.
... ein gesundes Selbstwertgefühl zu entwickeln.
... sie in ihrem Glauben an sich selbst zu stärken.

Nimm dich nicht zu wichtig.
Stell dein Ego hinten an.

Ersetze das Wort «ich» durch das Wort «wir».
Sei anders als alle anderen!
Sei ein positives Vorbild!

Wenn du immer nur das tust,
was alle anderen tun,
wirst du auch nur das bekommen,
was alle anderen bekommen!

Sei eine Ausnahme!
... und nicht einer,
für den Ausnahmeregeln gelten.

Sei Teil von etwas,
das größer ist als du.

Handle so,
als machten deine Taten einen positiven Unterschied aus.
Sie tun es!

Setz dir Ziele.
Glaube an sie.
Verfolge sie!

Starte eine Epidemie!
... bestehend aus Leidenschaft und Enthusiasmus.

Folge deinem Herzen.
Hör auf deine innere Stimme.

Verschwende keine Zeit damit,
auf Inspiration zu warten.

Fang an zu handeln,
und Inspiration wird dich finden.

Verfolge eine Mission.

Lass dir von keinem Menschen
deine Träume stehlen.

Verwechsle niemals
Wissen mit Weisheit.

Lache niemals über die Träume anderer.

Lass keine Entschuldigungen für deine Fehler zu.
Übernimm 100% Verantwortung.

Feier das,
wovon du gerne mehr hättest.

Versinke nicht im Mittelmaß!
Geh an deine Grenzen.

Halte deine Versprechen.

Sei loyal.

Töte niemals eine Idee.

Sei kein Miesepeter,
sondern ein Visionär.

Hilf Menschen, sich besser zu sehen,
als sie sich selbst sehen können.

Ein sauberer Charakter
ist wichtiger
als ein dickes Bankkonto.

Lerne das Spiel:
«Was ist das Gute daran?»
Frage dich:
«Was wäre, wenn ...?»

Investiere so viel Zeit
in deine persönliche Entwicklung,
dass du keine Zeit hast,
andere zu kritisieren.

Sorge dafür,
... dass dein Wort zählt!

Schaffe eine Atmosphäre
... der Nachsicht
... und des Vergebens.

Sei unbeliebt,
wenn es nötig ist.

Lass niemals nach,
wenn es gut läuft.

Gib dein Bestes.

Lerne, «NEIN» zu dem Guten zu sagen,
damit du «JA» zu dem Großartigen sagen kannst.

Schäme dich nie
für deine Glaubenssätze.

Blase nicht immer in dein eigenes Horn,
... du könntest die Musik verpassen.

Sollen andere ein unbedeutendes Leben führen,
aber du nicht!

Sollen andere sich über Kleinigkeiten beschweren,
aber du nicht!

Sollen andere bei Rückschlägen aufgeben,
aber du nicht!

Sollen andere ihre Zukunft in die Hände Dritter legen,
aber du nicht!

Du lebst nur einmal ...
... lebe auch so!

Dein
Christian Bischoff

Register

Achtung 31
Anerkennung 91, 123
Ansehen 51
Aufmerksamkeit 31, 51, 87
Ausdauer 63, 87, 141

Begeisterung 123
Beharrlichkeit 63, 87
Beständigkeit 117, 115

Chance 59, 67, 111
Chancen nutzen 24, 41, 103, 129
Charakter 11, 55, 111, 161
Courage 189

Dankbarkeit 13
Disziplin 63, 97
Durchhaltewille 63, 87, 97

Ehrlichkeit 161
Einstellung 9, 23, 59, 67, 71, 84, 181, 189
Energie 41, 63, 77, 87, 91, 141, 147, 197
Enthusiasmus 79, 143, 147, 165, 175, 197
Entwicklung 17, 21, 23, 41, 63, 87, 91, 133, 165, 203
Erfahrung 13, 23, 31, 177
Erfolg 13, 21, 23, 63, 87, 121, 123, 141, 147

Fehler 83, 103, 111, 117, 121, 123, 185
Freunde 47, 55, 103, 155
Freundschaft 47, 55

Geduld 63, 87, 141
Glaube 147
Glück 13, 46
Grenzen 97, 14

Hartnäckigkeit 63, 87, 91, 97, 115, 117, 141
Herausforderung 87, 97
Hilfsbereitschaft 27, 109, 165
Hindernisse 59, 71, 87, 91, 111, 117, 121, 123, 185

212   *Touch the Sky*

Integrität   55, 103

Kraft   87, 91, 97

Leben   13, 17, 21, 23, 27, 31, 57, 63, 67, 83, 87, 91, 117, 177
Lernen   63, 177
Liebe   35

Misserfolg   59, 63, 83, 87, 91, 111, 121, 123, 127
Motivation   11, 23, 41, 63, 77, 79, 87, 91, 97, 117, 141, 175, 197
Mut   97, 185

Natürlichkeit   35, 161
Niederlage   67, 87, 91, 103, 111, 121, 123

Optimismus   11, 67, 71, 83, 117, 123, 143

Persönliche Einstellung   11, 13, 21, 33, 67, 71, 83, 121, 123, 175, 181
Persönlichkeit   31, 185, 203
Probleme   13, 59, 67, 71, 83, 87, 91, 121, 181

Qualifikation 63, 141, 203

Respekt   31, 33, 51, 109, 177

Schwäche   33, 109, 181
Selbstachtung   17, 27, 107, 165
Selbstbewusstsein   121, 123, 185
Selbstvertrauen   107
Standhaftigkeit   87, 91, 121, 123

Teamgeist   103
Training   63, 87, 91, 141
Träume   23, 63, 87, 91, 143, 147, 203

Veränderung   9, 31, 67, 71, 87, 91, 151, 147, 175
Verantwortung   17, 55, 203
Verlässlichkeit   55

Weisheit   177
Wissen   63, 141

Zeit   13, 23, 197
Ziele   23, 63, 87, 91, 143
Zielstrebigkeit   41, 63, 87, 91, 97, 121, 123, 141, 197, 203

Touch the Sky

Danke

... an meine Eltern für alles,
was sie in meinem Leben für mich getan haben.

... an meinen Freund und Mentor Dr. Ron Slaymaker,
an Stan Kellner und Tom Hughes
und an alle anderen für ihre Mithilfe und ihre Beiträge
zu diesem Buch.

... an Michael Draksal und seinen Verlag
für die Veröffentlichung dieses Buches.

... an alle meine Spieler, Trainer, Mentoren
und Vorbilder, die mich entscheidend geprägt haben.

Quellenangaben

9: Ein persönliches Erlebnis von Allan Silva. Allan lebt mit seiner Familie auf Hawaii.

45: Abgedruckt mit freundlicher Genehmigung von Tom Hughes. Tom Hughes arbeitet als Lehrer und Highschool-Basketballtrainer in Georgia/USA.

38, 42, 48: Abgedruckt mit freundlicher Genehmigung von Stan Kellner. Stan lebt mit seiner Frau in New York/USA und ist Autor des Buches «Beyond the absolute limit».

13, 24, 46: Frei nacherzählt aus dem Englischen, Urheber unbekannt.

49: Frei nacherzählt aus dem Englischen.
In Anlehnung an Jeffrey Davis' «1000 Marbles».

Weitere Produkte von Christian Bischoff

Best of Motivational Moments
15 inspirierende Kurzgeschichten sowie 5
bisher unveröffentlichte Storys als Bonusmaterial

Audio-CD, Laufzeit: 74 Min.
ISBN 978-3-932908-70-5

**Machen Sie den
positiven Unterschied**
15 Einstellungen,
die Ihr Leben verändern

4. Auflage, 352 Seiten, gebunden
ISBN 978-3-86243-017-8

**Machen Sie den
positiven Unterschied**
15 Einstellungen,
die Ihr Leben verändern

2. Auflage, 2 CDs, Laufzeit: 106 Min
ISBN 978-3-86243-112-0

Überall im **Buchhandel** erhältlich und im **Verlagsshop** unter:
www.expertenwissen-fuer-alle.de

DIE PYRAMIDE LEBENSWERK

SINNEBENE: SINN

SOZIALEBENE: UMFELD | UMGANG

DEFINITIONSEBENE: WERTE | SELBSTBILD | REGELN

WISSENSEBENE: BERUF | PARTNERSCHAFT | GESUNDHEIT | GELD

HANDLUNGSEBENE: DISZIPLIN | PRIORITÄTEN | ZIELE | AUSDAUER | NEUGIER

MENTALEBENE: EMOTIONEN | GEDANKEN | SELBSTVERTRAUEN | ÜBERZEUGUNGEN | FOKUS | SPIRITUALITÄT

EIGENVERANTWORTUNG

Am Ende des Lebens stellt sich jeder Mensch die drei gleichen Fragen:
War ich erfolgreich?
War ich glücklich?
Habe ich ein erfülltes Leben geführt?

Die Pyramide LEBENSWERK illustriert, auf welchen Spielfeldern sich unser Leben täglich (un-)bewusst abspielt und welche Faktoren jeder Mensch eigenverantwortlich gestalten kann, um ein Leben nach seinen Vorstellungen zu führen.

WWW.CHRISTIAN-BISCHOFF.COM

DIE SEMINAREVENTS

Diese drei Events vermitteln basierend auf den Inhalten der Pyramide LEBENSWERK, wie jeder Mensch sein Leben eigenverantwortlich und selbstbestimmt gestalten kann, anstatt in Frust und persönlichem Mittelmaß zu versinken.

WWW.CHRISTIAN-BISCHOFF.COM

DIE KUNST, DEIN DING ZU MACHEN

Verstehe, wie Du Schritt für Schritt Deine Visionen und Ziele erreichst. In praktisch allen Seminaren vermissen die Teilnehmer einen klaren Plan, eine konkrete Handlungsanweisung, wie sie nach der Veranstaltung ihre gefassten Vorsätze auch erfolgreich umsetzen können.

DIE KUNST, DEIN DING ZU MACHEN ist strikt an diesem wichtigsten Teilnehmerbedürfnis ausgerichtet. Schritt für Schritt, haargenau und detailliert erfährst Du die zehn Bausteine, die ein erfolgreiches und selbstbestimmtes Leben für Dich möglich machen. Du wirst darüber hinaus in die Lage versetzt, das Gehörte für Dich sofort umsetzbar und damit nutzbar zu machen. Aus Erfahrung wird so: Er-Leben!

Es ist
«Der Handlungsplan für Dein Traumleben».

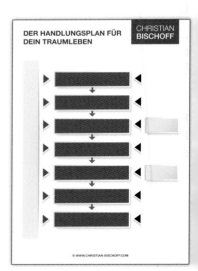

WWW.CHRISTIAN-BISCHOFF.COM

DIE KUNST, DEIN DING ZU MACHEN

Schritt für Schritt gehst Du Deinen Weg:

Wie Du...
... Dein Potential entfaltest.
... Deine Ziele und Visionen erreichst.
... Deine Probleme, Sorgen und Ängste aus dem Weg räumst.
... Den Sinn Deines Lebens findest.

UND

... Dich nicht mehr von Kritik, Ablehnung und negativem Feedback Anderer aufhalten lässt, sondern mit innerer Stärke und Selbstsicherheit DEIN DING MACHST.

Folgende Bausteine der Pyramide LEBENSWERK sind Inhalt:

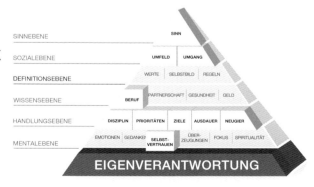

Videos, Details und Anmeldung unter:
www.christian-bischoff.com/diekunst
Telefon: 069 9450 727 23 | E-Mail: info@christian-bischoff.com

WWW.CHRISTIAN-BISCHOFF.COM

«An einem Tag mehr fürs Leben gelernt als seit 11 Jahren in der Schule.»
Patric Müller aus Frankfurt

Der Jugend-LIFE-Day

Ambitionierte und außergewöhnliche Jugendliche im Alter von 10 bis 17 Jahren erfahren in einer einzigartigen Atmosphäre, wie sie ihren persönlichen Weg im Leben finden.
Interaktive Spiele und dynamische Gruppenaktivitäten sorgen für eine Menge AHA-Effekte und ein Tageserlebnis, an das sich Dein Kind noch lange erinnern wird.

Dein Kind soll die Chance auf ein außergewöhnliches Leben haben?
Dann sollte es bei diesem einzigartigen Jugendseminar dabei sein.

Teil 1 Selbstvertrauen aufbauen
Nur wer sich selbst vertraut, kann Großes erreichen.

Teil 2 Lebensziele und Visionen
Verfolge nicht ein Ziel – lebe einen Traum.

Teil 3 Charakter entwickeln
Die entscheidende Erfolgskomponente bist Du selbst.

Teil 4 Ein Team – gemeinsam stark
Im Team potenzierst Du Deine Kräfte.

Teil 5 Der richtige Umgang mit Rückschlägen
Es gibt keine Niederlagen im Leben – nur Lernerfahrungen.

Anmeldung und Informationen unter:
www.christian-bischoff.com/jugend-life-day

WWW.CHRISTIAN-BISCHOFF.COM

DAS SCHULEVENT

«DER SCHÜLERFLÜSTERER.»
Focus Schule

MACH DEN POSITIVEN UNTERSCHIED

Jenseits straffer Stundenpläne ist «Mach den positiven Unterschied» ein aufbauendes und stärkendes Programm für die persönliche Entwicklung junger Menschen, das neben dem Kopf auch das Herz und die Emotion anspricht. Kein Tschaka, Du schaffst es – sondern Inspiration, die bleibt. Zwischenmenschliche Motivation, die wirkt.

Das an die jeweilige Zielgruppe angepasste Vortragsformat hilft Jugendlichen schnell und wirkungsvoll, ihren eigenen Weg zu finden, an sich zu glauben und ihr Leben eigenverantwortlich zu gestalten. Christian vermittelt nachhaltig Selbstvertrauen, ein positives soziales Miteinander, die Wichtigkeit, sich Ziele zu setzen, Disziplin zu haben, die eigenen Stärken zu finden und die Kraft des Lobs und der Anerkennung zu geben und spüren.

So sieht ein Tag an Ihrer Schule aus:

Vormittags: 1-2 Schülervorträge
Abends: Eltern-/Lehrerveranstaltung

Alle Details zum Schulevent:
www.der-positive-unterschied.de

WWW.CHRISTIAN-BISCHOFF.COM

Bibliografische Informationen der Deutschen Nationalbibliothek
Die Deutsche Nationalbibliothek verzeichnet diese Publikation in der Deutschen Nationalbibliografie. Detaillierte bibliografische Daten sind im Internet abrufbar: http://d-nb.info/1012819779

Bischoff, Christian (2012). Touch the Sky. Greif nach den Sternen. 9., überarb. Neuauflage. Leipzig: Draksal Fachverlag. ISBN 978-3-86243-082-6.

Draksal Fachverlag
Postfach 10 04 51
D-04004 Leipzig
Deutschland
www.draksal-verlag.de

Lektorat
Dana Krätzsch, Sonja Bufe, Carina Heinrich

Satz
Katja Krüger, Laura Klinke

Grafik
Laura Klinke

Bildnachweis
Daniel Lisbona: Umschlagvorderseite, S. 2, 206
Anja Wechsler: Buchrücken, Umschlagrückseite
Christian Bischoff Life GmbH: S. 218 bis 223

Dieses Werk ist urheberrechtlich geschützt. Jede Verwertung außerhalb der engen Grenzen des Urheberrechtsgesetzes ist ohne schriftliche Genehmigung des Verlages unzulässig und strafbar. In einigen Fällen war es nicht möglich, für den Abdruck der Texte die Rechteinhaber zu ermitteln. Honoraransprüche der Autoren, Verlage und ihrer Rechtsnachfolger bleiben gewahrt.
www.draksal-verlag.de

51.–75. Tausend 2012

© 2012 Draksal Fachverlag GmbH – Printed in Germany